INTERRELIGIOUS AND INTERCULTURAL INVESTIGATIONS
16

Collana diretta dal
Prof. Ambrogio Bongiovanni

Centro Studi Interreligiosi

LAURENT BASANESE, S.J.
DANIEL PATRICK HUANG, S.J.
(eds.)

Fratelli tutti: The Dream of God for a More Human World

Pontificia Università Gregoriana
Pontificio Istituto Biblico

In collaboration with

Cover e impaginazione: Yattagraf srls - Tivoli (RM)

© 2022 Pontificio Istituto Biblico
Gregorian & Biblical Press
Piazza della Pilotta 4, 00187 - Roma
www.gbpress.org - info@biblicum.com

ISBN 978-88-7839-477-3

Introduction

On October 3, 2020, in the midst of the darkness and profound uncertainty of the first year of the pandemic, Pope Francis published his third encyclical, *Fratelli tutti* (FT), subtitled, "On Fraternity and Social Friendship." Developing themes that have marked his pontificate, particularly those articulated in the landmark *Document on Human Fraternity for World Peace and Living Together,* which the pope issued jointly with the Grand Imam Ahmad Al-Tayyeb in 2019, FT is an important call for a "new vision of fraternity and social friendship that will not remain on the level of words" (n. 6), in a world marked by unprecedented social fragmentation and aggression.

The many constraints of that first year, however, made dissemination and discussion of the rich contents of the encyclical difficult. Thus, a year later, with many restrictions lifted, on the occasion of the first anniversary of promulgation of the document, the Pontifical Gregorian University, in collaboration with Georgetown University, sponsored a series of public lectures on FT, aimed at contributing to a wider knowledge of and deeper reflection on the key contents of the encyclical. This volume brings together those lectures.

Looking at these conferences as a whole, one might point out three characteristics. First is their inter-disciplinary and dialogical character. FT is approached and reflected on from the point of view of various disciplines: spirituality, the social sciences, philosophy, theology, missiology, inter-religious dialogue. FT is read from the perspective of a Jewish rabbi and appreciated for its resonances with Hindu-Buddhist philosophy (a similar intervention from the point of view of Islam had been planned, but had to be dispensed with because of an unfortunate injury suffered by the speaker). One might say that the lectures seek to fulfill (albeit in a modest way) two of the four criteria Pope Francis identifies as necessary for the renewal of ecclesiastical studies, namely, "a wide-ranging dialogue," and "inter-disciplinary and cross-disciplinary approaches." (Cf. *Veritatis gaudium*, n. 4 b and c.)

Second, the lectures highlight the rootedness of the vision of universal fraternity in God's saving design. *Pace* critics of Pope Francis who claim that the Pope's vision of fraternity is an exclusively horizontal humanism drawn from the French Revolution or freemasonry, the lectures show the profound scriptural and patristic roots of this vision. Thus, the title of this collection: "*God*'s dream for a more human world," which expresses the common conviction of the writers that building up a more fraternal spirit in this broken world is to share in the divine design and dream for humanity. As Pope Francis prays to the "Father of our human family" at the end of the encyclical, "inspire in us a dream of renewed encounter, dialogue, justice and peace" (n. 287).

Finally, the various articles are marked by what one might call a realistic hope. They echo Pope Francis' call for concrete changes in the realms of politics, social and ecological policies, mission, inter-religious dialogue, without any illusion that these changes will be easy. The articles on forgiveness and pardon, for example, underline the complexity and enormous difficulty of renewing fraternity where conflicts have wounded or damaged it. Yet, these lectures invite one "to dream" (n. 8), "to advance along the paths of hope" (n. 55), trusting that "God continues to sow abundant seeds of goodness in our human family" (n. 54).

The generous support of Georgetown University, the oldest Catholic and Jesuit University in the United States, made possible both the original series of conferences in 2021, as well the publication of this book. We wish to express our deep gratitude to President John DeGioia, President of Georgetown University, and to Professor Thomas Banchoff, Vice-President for Global Engagement. The aid we received from them is but one instance of their commitment to promote Pope Francis' vision of fraternity, social friendship, and the culture of encounter in our world.

Fratelli tutti was published two years ago in a time of global pandemic, which revealed, Pope Francis observes, that "for all our hyper-connectivity," humanity is marked by a "fragmentation that (has) made it more difficult to resolve problems that affect us all" (n. 7). Sadly, this book is being prepared two years later, in a time when a senseless war is raging in the Ukraine, creating untold suffering for millions of human beings, a war ideologically supported by a scaffolding of untruths maintained and repeated against our common humanity. More than ever, the world needs to heed the message of *Fratelli tutti*.

Laurent Basanese
Daniel Patrick Huang

Presentation of the authors

Miguel Ángel Ayuso Guixot, M.C.C.J., (Seville, Spain, 1952) is the Prefect of the Dicastery for Interreligious Dialogue (DID). For 20 years he served the Church in Egypt and Sudan until 2002. He obtained a licentiate in Arabic and Islamic Studies at the Pontifical Institute of Arabic and Islamic Studies (PISAI) in Rome in 1982, and a doctorate in dogmatic theology at the University of Granada in 2000. He held the office of dean of the PISAI until 2012, when Pope Benedict XVI appointed him secretary of the DID. Consecrated a bishop in 2016, he was created Cardinal by Pope Francis in 2019. He is a member of the Higher Committee of Human Fraternity instituted to fulfill the aspirations of the Document on Human Fraternity (Abu Dhabi, February 4, 2019).

Benedetto Josef Carucci Viterbi, born in Rome in 1960, graduated in Literature at the Sapienza University of Rome and studied at the Italian Rabbinical College where, in 1992, he obtained the "Semikhah", the title of Rabbi. He teaches Biblical Exegesis and Rabbinic Literature in the Jewish Studies Degree Program of the Italian Rabbinical College. He was Visiting Professor at the Pontifical Athenaeum of Saint Anselm (1995-2000) and, from 2003 to date at the Cardinal Bea Centre for Judaic Studies of the Pontifical Gregorian University. He is the author of essays on Rabbinic Tradition. Among his publications are: *Le luci di Shabbat*, Morcelliana 2009, *Il Qaddish*, Marietti 2000 and *Rabbi Aqivà* with Gabriella Caramore, Morcelliana 2009.

Jaime Emilio González Magaña, is full professor at the Institute of Spirituality and the Saint Peter Faber Center of the Pontifical Gregorian University; and visiting professor at the Salesian Pontifical University and the Pontifical Urban University in Rome. In addition to his doctorate in theology, specializing in spirituality, he is an individual and group psychotherapist. Among his numerous publications are, most recently, *Todo para la mayor gloria de Dios. Estudios sobre la Espiritualidad Ignacia-*

na (Rome, 2019) and *Un fuego que enciende otros fuegos. Formador, especialízate en Jesucristo* (Rome, 2020).

Daniel Patrick Huang, a Jesuit from the Philippines, teaches at the Faculty of Missiology of the Pontifical Gregorian University. He received his doctorate in theology from the Catholic University of America in 1996. He was Provincial of the Jesuits in the Philippines from 2004 to 2008, and was General Counselor and Regional Assistant for Asia Pacific at the General Curia of the Society of Jesus from 2008 to 2019. At present, he also serves as chair of the Mission and Identity committee of the Board of Directors of Georgetown University.

Adrien Lentiampa Shenge, a Congolese Jesuit, is a professor of the history of contemporary philosophy and of the philosophy of law in the Faculty of Philosophy, at the Gregorian University (Rome) since 2014. Between 2008 and 2014, he taught philosophy at several academic institutions in his home country, the Democratic Republic of Congo. Author of a thesis on Paul Ricoeur, defended in 2007 at the Gregorian University, he is a proven specialist in the thought of Paul Ricoeur and Emmanuel Levinas. He is currently working on the mutual contributions between African rationality and Western rationality.

Francesco Occhetta is a Jesuit priest and teaches at the Faculty of Social Sciences of the Pontifical Gregorian University. After graduating in law at Milan, he obtained a licentiate in Moral Theology at Madrid followed by a doctorate from the Pontifical Gregorian University. He also has a specialization in Human Rights from the University of Padua. Besides teaching, he collaborates with Cardinal Mauro Gambetti at St Peter's Basilica. He has also founded the "Comunità di Connessioni", a programme for forming youth in social and political commitment, including an online magazine with the same name (www.comunitadiconnessioni.org).

Gaetano Piccolo, a Jesuit, is a full professor and dean of the Faculty of Philosophy of the Pontifical Gregorian University. After his studies on St. Augustine (*I processi di apprendimento in Agostino d'Ippona*, Aracne 2014), he has dedicated himself to questions of epistemology (*Significato e interpretazione. Indagine sulla conoscenza*, Carocci 2011) and of philosophy of language (*Fatti di parole. Filosofia del linguaggio*, GBPress 2019). He is currently working on the metaphysical foundations of decisional processes.

Luis Antonio G. Tagle, from the Philippines, is the Prefect of the Dicastery for Evangelization. He received his doctorate in theology from the Catholic University of America, in Washington, DC, in 1992. From 1997 to 2002, by appointment of Pope John Paul II, he served as a member of the International Theological Commission. From 2011 to 2019, he was Archbishop of Manila, and was created a Cardinal by Pope Benedict XVI in 2012. Since 2015, he serves as President of both the Catholic Biblical Federation and Caritas International. He has received honorary doctorates from eleven universities, including Fordham University, the Catholic University of America, and the Australian Catholic University.

Gerard Whelan, an Irish Jesuit, lived in Kenya and Zambia for fourteen years. He is at present Director of the Department of Fundamental Theology at the Pontifical Gregorian University. He is author of *Redeeming History: Social Concern in Bernard Lonergan and Robert Doran* (Rome, 2013), *A Discerning Church: Pope Francis, Lonergan, and a Theological Method for the Future* (New Jersey, 2019).

Prem Xalxo, SJ, is lecturer in moral theology at the Pontifical Gregorian University in Rome. He is the coordinator of Joint Diploma in Integral Ecology, a shared venture of the pontifical universities of Rome aimed at promoting inter-university and interdisciplinary collaboration towards the "care of our common home." His primary fields of interest and research are ecological ethics and an ethical-theological vision of social communications. His latest article on "Covid-19 and the Call to Sanitize Human Conscience" appeared in *Warszawskie Studia Teologiczne* (2021).

Fratelli tutti
Il sogno di Dio per un mondo più umano

Miguel Ángel Ayuso Guixot

Innanzitutto, sono molto felice per il lavoro di collaborazione svolto dal Centro Studi Interreligiosi della Gregoriana, per aver saputo far dialogare le varie unità accademiche di questa Università Pontificia in occasione di questa riflessione sull'Enciclica *Fratelli tutti*: dalla teologia alla filosofia, passando per la spiritualità, le scienze sociali, la missiologia e gli studi ebraici. In questo modo, mi sembra, parteciperemo all'altro grande sogno di Papa Francesco quando ha dichiarato a Napoli, il 21 giugno 2019, in occasione del Convegno "La teologia dopo *Veritatis Gaudium* nel contesto del Mediterraneo": "Sogno Facoltà teologiche dove si viva la convivialità delle differenze, dove si pratichi una teologia del dialogo e dell'accoglienza [...] E' indispensabile dotarsi di *strutture leggere e flessibili*, che manifestino la priorità data all'accoglienza e al dialogo, al lavoro inter- e trans-disciplinare e in rete. [Perciò] gli statuti, l'organizzazione interna, il metodo di insegnamento, l'ordine degli studi devono riflettere la visione della Chiesa *in uscita*". Grazie per il vostro lavoro e per i vostri sforzi a favore del dialogo interreligioso e della comprensione delle culture.

Il mio intervento sarà diviso in tre parti intitolate:
- *Les Misérables*
- Dialogare con la "realtà"
- Dal conflitto alla simbiosi

1. *Les Misérables*

Nel romanzo di Victor Hugo del 1862 *Les Misérables,* il vescovo di Digne, una piccola città nel sud della Francia, apre la sua casa al galeotto Jean Valjean, rifiutato ovunque, disprezzato, picchiato, degradato. E quando Jean Valjean gli dice:

"Mi ricevete in casa vostra e accendete le vostre candele per me. Eppure non v'ho nascosto donde vengo, non v'ho nascosto che sono un disgraziato", il vescovo, seduto vicino a lui, gli toccò dolcemente la mano dicendo: "Potevate anche non dirmi chi eravate. Questa non è la mia casa, è la casa di Gesù Cristo; questa porta non chiede a colui che entra se abbia un nome, ma se abbia un dolore. Voi soffrite, avete fame e freddo: siate il benvenuto. E non state a ringraziarmi, non mi dite che vi ricevo in casa mia; poiché nessuno è qui in casa sua, se non colui che ha bisogno d'un asilo. Ve lo dico, a voi che passate, che qui voi siete in casa vostra più di me stesso. Tutto quello che è qui è vostro; che bisogno ho di sapere il vostro nome? Del resto, prima che me lo diceste, ne avevate già uno che conoscevo." L'uomo spalancò con stupore gli occhi. "Davvero? Sapevate come mi chiamo?" "Sì," rispose il vescovo "vi chiamate *mio fratello*" …

Certamente il tema della fraternità non è una scoperta del XXI secolo. Ricordiamo anche che già Aristotele faceva dell'*amicizia sociale* – alla quale l'Enciclica si riferisce – la chiave della giustizia nella Città. Quali sono allora le novità del messaggio del Papa? Esso è, naturalmente, radicato nel suo precedente magistero ed è in linea con il cammino aperto dal Concilio Vaticano II. Come ho avuto modo di dire in diverse occasioni: attraverso il dialogo di Papa Paolo VI con il mondo, il dialogo della pace di Papa Giovanni Paolo II e il dialogo della carità nella verità di Benedetto XVI, siamo arrivati, in 50 anni, con Papa Francesco, alla sfida del dialogo dell'amicizia e della fratellanza.

Una delle prime cose che colpisce quando si legge l'Enciclica *Fratelli tutti* sono i suoi riferimenti: San Francesco d'Assisi, certo, ma anche Charles de Foucauld, il "fratello universale", che visse nel deserto algerino, sconosciuto a tutti ma predicando ai Tuareg musulmani, non con le prediche ma con il suo esempio. Fu così profeta del Concilio (che si sarebbe svolto 50 anni dopo), che nel decreto *Ad Gentes* sull'attività missionaria della Chiesa (n. 11) dichiara: "Tutti i cristiani infatti, dovunque vivano, sono tenuti a manifestare **con l'esempio della loro vita e con la testimonianza della loro parola** l'uomo nuovo […] sicché gli altri, vedendone le buone opere, glorifichino Dio Padre e comprendano più pienamente il significato genuino della vita umana e **l'universale legame di solidarietà degli uomini tra loro**." Prima, dunque, l'esempio di vita, l'amicizia vera e sincera con tutti gli uomini, e poi la proclamazione della parola...

Ma nell'Enciclica Papa Francesco cita anche come "patroni", e come segno di fratellanza universale voluta e praticata: l'anglicano Desmond Tutu, il pastore battista Martin Luther King, l'indù Mahatma Gandhi, e soprattutto il suo amico, il Gran Imam di al-Azhar Ahmad al-Tayyeb, che è citato 5 volte. Il *Documento sulla fratellanza umana per la pace mondiale e la convivenza comune*, pietra miliare nel cammino del dialogo interreligioso, firmato insieme dal Santo Padre e dal Gran Imam il 4 febbraio 2019 ad Abu Dhabi, è a sua volta citato 8 volte nell'Enciclica e sottolinea così, sia la continuità del pensiero del Papa sia l'importanza di questo primo Documento dove la diversità è vista non come un problema ma come un'opportunità per esercitare la carità e la fraternità. "Questa Enciclica raccoglie e sviluppa grandi temi esposti in quel Documento che abbiamo firmato insieme" (FT 5), afferma Papa Francesco all'inizio dell'Enciclica. E la conclude citando dallo stesso Documento l'Appello congiunto (sono gli ultimi numeri dell'Enciclica): "In nome di Dio e di tutto questo, [...] [dichiariamo] di adottare la cultura del dialogo come via, la collaborazione comune come condotta, la conoscenza reciproca come metodo e criterio".

Attenzione, però, a non considerare questi documenti come semplici esortazioni morali da dimenticare in fretta. Se la fraternità nella diversità è la pietra angolare di questi due documenti strettamente legati, il concetto non può essere interpretato in un senso puramente sociologico e sentimentale. La fraternità deve essere messa in atto e, se siamo cristiani, deve essere esercitata prima di tutto con i poveri, gli immigrati, i rifiutati della terra, se vogliamo veramente uscire dalla "cultura dello scarto" e dalla "globalizzazione dell'indifferenza" (EG 53-54). Non per niente il secondo capitolo dell'Enciclica *Fratelli tutti*, "Un estraneo sulla strada", è dedicato alla parabola del Buon Samaritano, dove il Santo Padre ci dice chiaramente: "Il fatto di credere in Dio e di adorarlo non garantisce di vivere come a Dio piace. Una persona di fede può non essere fedele a tutto ciò la fede stessa esige, e tuttavia può sentirsi vicina a Dio e ritenersi più degna degli altri" (FT 74). Infatti, "l'inclusione o l'esclusione di chi soffre lungo la strada **definisce** tutti i progetti economici, politici, sociali e religiosi" (FT 69).

In realtà, questo non è nuovo: già il Papa nella sua prima esortazione apostolica del 2013, *Evangelii Gaudium,* dichiarava: "Per la Chiesa l'opzione per i poveri è **una categoria teologica** prima che culturale, sociologica, politica o filosofica [...]. Qualsiasi comunità della Chiesa, nella misura in cui pretenda di stare tranquilla senza occuparsi **creativamente e cooperare con efficacia** affinché i poveri vivano con dignità e per l'inclusione di tutti, correrà anche il rischio della dissoluzione, benché parli di temi sociali o critichi i governi. Facilmente finirà per essere sommersa dalla mondanità spirituale, dissimulata con pratiche religiose, con riunioni infeconde o con discorsi vuoti" (EG 198 e 207).

Per questo, Papa Francesco continua citando Paolo VI: "Rispettando l'indipendenza e la cultura di ciascuna Nazione, bisogna ricordare sempre che il pianeta è di tutta l'umanità e per tutta l'umanità, e che il solo fatto di essere nati in un luogo con minori risorse o minor sviluppo non giustifica che alcune persone vivano con minore dignità. Bisogna ripetere che i più favoriti devono rinunciare ad alcuni dei loro diritti per mettere con maggiore liberalità i loro beni al servizio degli altri" (EG 190). E quando questi poveri sono musulmani immigrati, "noi cristiani dovremmo accogliere con affetto e rispetto gli immigrati dell'Islam che arrivano nei nostri Paesi, così come speriamo e preghiamo di essere accolti e rispettati nei Paesi di tradizione islamica" (EG 253).

Non dobbiamo mai neutralizzare questa dimensione sociale della fede cristiana, perché il cuore della nostra fede ha in sé un contenuto sociale che ci invita a costruire un mondo di solidarietà e fratellanza. Il Dio dell'amore, che in Gesù ci invita a vivere il comandamento dell'amore fraterno, guarisce le nostre relazioni interpersonali e sociali attraverso la carità, e ci chiama ad essere operatori di pace e costruttori di fraternità tra di noi, a partire dai più bisognosi, i dimenticati delle nostre società, quelli che non guardiamo nemmeno più, che non invitiamo mai alla nostra tavola o ai nostri raduni.

Un rabbino britannico, Jonathan Sacks, morto poche settimane dopo la pubblicazione dell'Enciclica, nel suo libro *The Dignity of Difference: How to Avoid the Clash of Civilizations* (2002), sostiene che la questione cruciale oggi è se le religioni sono capaci di diventare una forza di pace piuttosto che una fonte di conflitto. E la risposta a questa domanda dipende molto, secondo lui, dal posto che le diverse fedi e culture danno all'"altro". Non in primo luogo al "Tutt'Altro" (Dio, la visione di Dio, il discorso su Dio), ma a colui che mi è vicino, il mio prossimo, colui che non ci assomiglia, colui il cui background, colore o credenze differiscono dal mio, dal nostro. Cosa vediamo in questo 'altro' (senza la lettera maiuscola)? Una minaccia alle nostre credenze e al nostro modo di vivere, o un arricchimento del patrimonio comune dell'umanità? Le questioni della convivenza, della pace, della libertà religiosa, del modo in cui l'altro "diverso" viene trattato in una società, tutte queste questioni hanno un peso sia sociologico *che* teologico: si riferiscono a una certa visione di Dio, alla relazione di Dio con gli uomini, a ciò che la fede in Dio implica per l'umanità, cioè per le nostre società. Preoccuparsi di fare posto all'altro – l'altro "povero", l'altro "diversamente povero" – nel nostro universo, sia quello sociale che quello teologico, è fondamentale: è un *locus theologicus* ineludibile, come dicono i teologi.

2. Dialogare con la "realtà"

Una delle idee che mi sembra fondamentale nell'Enciclica *Fratelli tutti*, ma che è quindi radicata nel Magistero precedente, è il nuovo stile che il Santo Padre vuole imprimere alle nostre relazioni e che dovremmo praticare verso gli altri, e in generale verso il mondo che ci circonda, un mondo che il Papa chiama "realtà": uno stile flessibile e delicato, non rigido, né violento. Cito:

Alcuni provano a fuggire dalla **realtà** rifugiandosi in mondi privati, e altri la affrontano con violenza distruttiva, ma tra l'indifferenza egoista e la protesta violenta c'è un'opzione sempre possibile: il dialogo. [...] Spesso si confonde il dialogo con [...] un febbrile scambio di opinioni. [...] Sono solo monologhi che procedono paralleli. [...] La mancanza di dialogo comporta che nessuno, nei singoli settori [economico, politico, mediatico, religioso o di qualsiasi genere] si preoccupa del bene comune, bensì di ottenere i vantaggi che il potere procura, o, nel migliore dei casi, di imporre il proprio modo di pensare. Così i colloqui si ridurranno a mere trattative affinché ciascuno possa accaparrarsi tutto il potere e i maggiori vantaggi possibili, senza una ricerca congiunta che generi bene comune. Gli **eroi del futuro** saranno coloro che sapranno spezzare questa **logica malsana** e decideranno di sostenere con rispetto una parola carica di verità, al di là degli interessi personali. Dio voglia che questi eroi stiano silenziosamente venendo alla luce nel cuore della nostra società. (FT 199-202)

Non più rigidità comportamentale, dunque, ma flessibilità che sa adattarsi, senza voler cadere nella realpolitik o nel machiavellismo. E per aiutarci a riformare il nostro modo di agire e pensare, per diventare quegli "eroi del futuro" quando ci confrontiamo con la realtà, quando incontriamo gruppi di persone così diverse che praticano altre filosofie di vita o praticano altre religioni, Papa Francesco ci dà alcuni suggerimenti: "Avvicinarsi, esprimersi, ascoltarsi, guardarsi, conoscersi, provare a comprendersi, cercare punti di contatto, tutto questo si riassume nel verbo 'dialogare'" (FT 198). Non si tratta solo di parlare quando si dialoga, si tratta di **incontrarsi**, di vivere un incontro, con l'obiettivo di "stabilire amicizia, pace, armonia e condividere valori ed esperienze morali e spirituali in uno spirito di verità e amore", specialmente "tra persone di religioni differenti" (FT 271). Si potrebbe anche dire che per vivere il dialogo e l'incontro nella verità, è necessario avere questo sguardo contemplativo sull'**altro diverso**, per poter percepire e "toccare la sua carne ferita", come dice spesso il Papa, ferita dalla sua storia personale e comunitaria, ferita perché la sua identità non è riconosciuta.

Infatti, è solo attraverso il dialogo che sarà possibile costruire una cultura conviviale, quella della convivenza che, pur rispettando l'altro, è lontana dall'essere statica. Al contrario, cerca – questa società fraterna che vogliamo realizzare – di crescere e fiorire sempre di più attraverso la ricerca di ciò che ci permetterà di arricchirci reciprocamente e interiormente. La cultura del dialogo è la base per una lettura non superficiale e semplicistica della realtà mutevole e complessa che è la nostra, una lettura non distratta dall'arroganza di un ego incapace di ascoltare, perché preoccupato solo della sua crescita esterna e mondana. Cito dall'Enciclica:

Possiamo cercare insieme la verità nel dialogo, nella conversazione pacata o nella discussione appassionata. È un cammino perseverante, fatto anche di silenzi e di sofferenze, capace di raccogliere con pazienza la vasta esperienza delle persone e dei popoli. Il cumulo opprimente di informazioni che ci inonda non equivale a maggior saggezza. La saggezza non si fabbrica con impazienti ricerche in *internet*, e non è una sommatoria di informazioni la cui veracità non è assicurata. In questo modo non si matura nell'incontro con la verità. Le conversazioni alla fine ruotano intorno agli ultimi dati, sono meramente orizzontali e cumulative. Non si presta invece un'attenzione prolungata e penetrante al cuore della vita, non si riconosce ciò che è essenziale per dare un senso all'esistenza. Così, la libertà diventa un'illusione che ci viene venduta e che si confonde con la libertà di navigare davanti a uno schermo. Il problema è che una via di fraternità, locale e universale, la possono percorrere soltanto spiriti liberi e disposti a incontri reali. [...] Nessuno potrà possedere tutta la verità, né soddisfare la totalità dei propri desideri, perché questa pretesa porterebbe a voler distruggere l'altro negando i suoi diritti. La ricerca di una falsa tolleranza deve cedere il passo al realismo dialogante, di chi crede di dover essere fedele ai propri principi, riconoscendo tuttavia che anche l'altro ha il diritto di provare ad essere fedele ai suoi. È il vero riconoscimento dell'altro, che solo l'amore rende possibile e che significa mettersi al posto dell'altro per scoprire che cosa c'è di autentico, o almeno di comprensibile, tra le sue motivazioni e i suoi interessi. (FT 50 e 221)

3. **Dal conflitto alla simbiosi**

In generale, l'intenzione del Santo Padre in questa Enciclica è di passare dallo scontro di opinioni – lo "scontro di civiltà" come ha scritto il politologo Samuel Huntington – alla fratellanza di culture; dallo scontro delle indifferenze alla fratellanza dei cuori. E per questo vuole che possiamo "far rinascere tra tutti un'aspirazione mondiale alla fraternità" (FT 8). È un "sogno" – la parola è citata tante volte nell'Enciclica – ma un sogno che può diventare realtà, che può incarnarsi! Si tratta di "far crescere una cultura dell'incontro, che vada oltre le dialettiche che mettono l'uno contro l'altro" (FT 215), e di accettare "la sfida di sognare e pensare ad un'altra umanità" (FT 127). E tutti insieme: questo orientamento della nostra azione deve essere collettivo perché, come aggiunge Papa Francesco, "è molto difficile progettare qualcosa di grande a lungo termine se non si ottiene che diventi un sogno collettivo" (FT 157). È vero che "un progetto con grandi obiettivi per lo sviluppo di tutta l'umanità oggi suona come un delirio" (FT 16). È vero che "notiamo la mancanza di orizzonti in grado di farci convergere in unità" (FT 26) e che, purtroppo, spesso, ci rassegniamo "a vivere chiusi in un frammento di realtà" (FT 191). Tuttavia, "è grande nobiltà esser capaci di avviare processi i cui frutti saranno raccolti da altri" (FT 196). Si tratta di "pensare e generare un mondo aperto", come viene intitolato il terzo capitolo dell'Enciclica, "pensare un mondo aperto dove ci sia posto per tutti, che comprenda in sé i più deboli e rispetti le diverse culture" (FT 155), ascoltandoli, incontrandoli.

Per tornare all'incontro di Papa Francesco e del Gran Imam Ahmad al-Tayyeb ad Abu Dhabi, è stato dimostrato al mondo che se ci sono conflitti di civiltà, sono possibili anche altre direzioni per il futuro dell'umanità. Contro ogni aspettativa, e soprattutto contro una visione ripetitiva e lineare – e quindi erronea – della storia che affermerebbe un conflitto permanente tra Islam e Cristianesimo come una legge immutabile, si è detto, per il semplice fatto di questo incontro, che noi – uomini – siamo capaci di uscire dallo scontro e di liberarci dalle catene ideologiche e socio-politiche. Non sono sicuro che ci siamo resi conto di questo. Non più la risoluzione frontale dei problemi, ma la risoluzione fraterna!

Sappiamo tutti, come la storia ha ampiamente dimostrato, che il famoso adagio romano *Si vis pacem para bellum*, "Se vuoi la pace, prepara la guerra", che è sempre stato dato per scontato come buon senso, è infatti realistico solo a breve termine. In realtà, porta sempre al fallimento se non è accompagnato da una riflessione approfondita sulle cause della guerra e dell'odio dell'altro. In un mondo sempre più multiculturale, dovrebbe essere sostituito oggi da un altro adagio: "Se vuoi la pace, prepara la pace". Come? Imparando a dialogare – il che presuppone un'educazione al dialogo e all'ascolto – e a incontrare gli altri che sono diversi, cioè imparando a vivere le nostre relazioni in modo fraterno.

Sapete che il Papa è molto appassionato di sport. Ad una squadra sportiva che è venuta ad incontrarlo, ha usato un'immagine che può aiutarci molto:

> Lo sport può [...] favorire una cultura del dialogo e dell'incontro rispettoso. La lotta con gli avversari, nelle competizioni sportive, è sempre definita "incontro", e mai "scontro" perché, alla fine, sebbene sia meglio vincere, in un certo senso si vince entrambi. Ecco il mondo che sogniamo, e che con determinazione vogliamo costruire, sulla base di un agonismo sano, che vede sempre nell'avversario anche un amico e un fratello. (Ai membri del *Centro Sportivo Italiano*, 11.05.2019)

Si tratta di entrare nell'era della maturità delle società multiculturali, l'era in cui si lavora simultaneamente, senza confusione o separazione, alla cultura della nostra unità e alla cultura della nostra diversità, dove ciò che ci differenzia e ciò che ci unisce andranno di pari passo in una logica di arricchimento reciproco. Un'epoca in cui finalmente riconosceremo che tutti i nostri problemi sociali sono indivisibilmente nostri. La diversità delle nostre società deve entrare nella mente di tutti come un fatto, che porta a mettere in comune tutte le nostre sfide. La globalizzazione deve riunire gli Orienti e gli Occidenti nella consapevolezza che nessuna civiltà è più autosufficiente: esse sono irreversibilmente compenetrate e ciascuna ha ormai bisogno dell'aiuto di tutte le altre.

La riconciliazione delle nostre società sarà fatta in un modo particolare con i musulmani, con i buddisti, con gli indù, con i secolaristi, o non sarà fatta. È soprattutto con l'Islam che c'è ora "una decisione di fraternità da prendere", come dice giustamente il filosofo Abdennour Bidar, perché è spesso nei confronti dell'Islam che c'è il maggior divario nelle nostre società. È una decisione da prendere a livello personale e collettivo. Ognuno deve scegliere tra la fratellanza universale o il ripiegamento su di sé, la grande famiglia umana o la piccola tribù identitaria. Oggi è necessario imparare a riconoscere che siamo uniti tra di noi dalle nostre identità così come dalle nostre diversità. La varietà sociale e religiosa, così come la varietà etnica, non dovrebbero più generare la paura di perdere la propria identità. Unità non significa uniformità, dialogo e identità non si oppongono. Al contrario, il dialogo (l'incontro, le relazioni) è costitutivo dell'identità cristiana, e la diversità è una nuova opportunità per avvicinarci gli uni agli altri, diventando ancora di più, come Chiesa, "sacramento universale della salvezza" (*Lumen Gentium* 48). Universale, cioè "per tutti gli uomini".

Ricordiamo, inoltre, come corollario di questo nuovo modo di essere da mettere in pratica, che solo la fraternità può effettivamente impedire che la libertà si tramuti in individualismo. Senza l'esperienza della vicinanza, senza rapporti di stima, senza quell'amicizia sociale di cui parla il Papa, il mantenimento della nostra libertà può contare solo sulle leggi e la polizia, ma mai sui cuori. Perché come possiamo lottare per la libertà degli altri se non abbiamo imparato ad amare oltre la cerchia della nostra famiglia e dei nostri amici? Non ci può essere impegno religioso, sociale o politico senza amore e tenerezza per l'umanità, per l'altro diverso, per le persone più trascurate della terra. Come possiamo allora essere veramente impegnati senza coltivare in noi stessi la capacità di interessarci agli altri? Se abbiamo lasciato che l'altro divenga un'astrazione, se è rimasto uno sconosciuto? Se non abbiamo nemmeno avuto l'opportunità di incontrare questo altro – lo straniero, il povero o il diversamente credente – perché vive altrove o in un ghetto?

Per concludere, direi che l'Enciclica *Fratelli tutti* guarda decisamente al futuro. Affinché questo futuro sia vivibile, Papa Francesco ci invita ad abbattere il pregiudizio che gli esseri umani siano intrinsecamente egoisti, solitari, aggressivi, con una capacità di immaginare e amare strettamente limitata. Molto tempo fa, l'antropologo americano Marshall Sahlins, appena deceduto, ha denunciato il regno di una "antropologia sinistra" che riduce il ruolo delle leggi politiche ed economiche alla semplice regolamentazione della "guerra di tutti contro tutti". Oggi abbiamo l'opportunità storica di cambiare epoca cambiando la nostra visione dell'uomo. Considerare l'uomo non più in termini della sua disumanità o mediocrità ordinaria, ma in termini della sua umanità e delle sue molteplici capacità di creatività e di costruzione della "Città per tutti". La fraternità è un'utopia? Solo i più grandi sogni e ideali hanno sempre dato alla nostra speranza umana la sua piena misura.

Un rabbino risponde a Fratelli tutti[1]

Benedetto Carucci Viterbi

È un po' curioso che nel momento in cui si debba parlare della fratellanza o della vicinanza, ci si trovi in una condizione concreta di distanza, e penso al senso un po' paradossale delle parole che sono entrate nel nostro vocabolario negli ultimi due anni: "distanziamento", "assembramento"… Penso anche ai termini che usiamo per indicare le piattaforme che ci permettono "a distanza", di "essere vicini": "Zoom", che è qualche cosa che ci permette di vedere vicino ciò che è lontano, zoomare è questo, e "Meet", che vuol dire "incontrarsi". Mi sembra, quindi, che abbiamo declinato di nuovo il concetto di vicinanza e lontananza. Papa Francesco dedica vari punti della sua Enciclica al tema della comunicazione e di quanto la comunicazione elettronica possa essere un'occasione, ma anche un rischio di distanziamento. Su questo vorrei tornare.

Cercherò di presentare, facendo ogni tanto riferimento ad alcuni punti dell'Enciclica, una prospettiva ebraica su questo tema della fratellanza, della relazione, della solidarietà. Suggerirei, per chi avesse interesse di fare un'analisi comparata, il titolo di un libro che ha pubblicato poco prima di mancare il Rabbino Capo del Commonwealth, Jonathan Sacks, che si intitola in italiano *Moralità* e in inglese *Morality*. Mi sembra che sia incredibilmente convergente nel suo contenuto con l'Enciclica di Papa Francesco, addirittura in alcuni punti quasi totalmente sovrapponibile. Il sottotitolo in italiano è "*Ristabilire il bene comune in tempi di divisione*". Il Rav Sacks in questo libro non fa tantissimi riferimenti alla tradizione ebraica – è un po' curioso ma effettivamente è così – fa moltissimi riferimenti alla cultura filosofica occidentale, alla sociologia e alla psicologia.

C'è un punto all'inizio del libro che mi piace citare perché, secondo me, potrebbe essere una doppia chiave di lettura o un filo rosso su cui riflettere. Rav Sacks cita un personaggio chiamato Viktor Frankl, uno psicologo che è stato nei campi di sterminio e che ha sviluppato un metodo che chia-

---

[1] Questo articolo è la trascrizione della conferenza del Rav Benedetto Carucci Viterbi alla Pontificia Università Gregoriana, il 25 novembre 2021.

ma logoterapia. Dice così Frankl: l'essere umano è sempre diretto, indirizzato verso qualcuno o qualcosa diverso da se stesso, verso un compito da adempiere, un altro essere umano da incontrare, una causa da servire, una persona da amare. La chiama "auto trascendenza", cioè trascendere se stessi. Come si raggiunge questa auto trascendenza? La risposta di Frankl è di non preoccuparsi della propria autorealizzazione ma dimenticare se stessi e darsi, concentrandosi verso l'esterno. Nella lettura che ne dà Rav Sacks, Frankl sarebbe quindi un sostenitore non tanto dell'ambizione, che è centrata sull'io, quanto della vocazione che è invece una chiamata proveniente dall'esterno. È una prospettiva molto interessante. Il problema è che bisogna in qualche modo quasi stemperare l'io... Rav Sacks fa una distinzione tra io e me, io come soggetto e me come complemento oggetto, e ricorda che ciascuno dovrebbe sapere di essere un io, ma soprattutto dovrebbe avere sempre la consapevolezza di essere anche un me, ovvero un complemento oggetto di qualcuno che è al suo esterno. È un'operazione molto complicata da mettere in atto. Rav Sacks cita Iris Murdoch con la definizione *unselfing*, che vorrebbe dire, in qualche modo, uscire da se stessi. Dice: "Sto guardando fuori dalla mia finestra in uno stato d'animo ansioso e risentito, dimentico di ciò che mi circonda, rimuginando forse su un qualche danno inflitto al mio prestigio". Quindi la prima parte è una fortissima concentrazione su di sé. "Poi all'improvviso noto un gheppio che svolazza. In un attimo ogni cosa cambia. L'io che rimuginava con la sua vanità ferita è scomparso, ora non c'è niente altro che il gheppio, e quando torno a pensare all'altra questione, questa mi appare meno importante". È una bellissima immagine, forse per cominciare ad aprirci all'altro dovremmo, e anche di questo parla Papa Francesco più volte, intanto aprirci al mondo, anche nelle sue dimensioni materiali, di cose che ci circondano, perché se ci abituassimo ad *unselfizzarci* ogni tanto, o anzi con una certa frequenza, questa *unselfizzazione* ci consentirebbe di aprirci non solamente al mondo che ci circonda ma anche agli altri che ci sono di fronte o accanto o dietro.

È un'operazione evidentemente molto complessa, perciò io vorrei proporre, secondo un metodo – diciamo così – della tradizione ebraica, una serie di tappe, fondamentalmente a partire dal testo biblico, con alcune rielaborazioni rabbiniche. Si tratta di strutturare la propria identità grazie all'altro. Su questo mi sembra che Papa Francesco ritorni più volte in vari punti dell'Enciclica, ovvero la sottolineatura della necessità di mantenere un'identità, sia individuale sia collettiva, e che il principio della fratellanza non può e non deve passare attraverso la negazione della differenza identitaria, ma piuttosto dalla collaborazione, dalla solidarietà, dalla composizione di identità che restano diverse sempre. Vorrei prendere alcuni esempi biblici abbastanza noti, che sono sicuramente patrimonio comune anche nella memoria letteraria, e alcuni testi che mi sembra potrebbero essere una chiave possibile dell'interpretazione che la tradizione ebraica dà del tema fratellanza, ma soprattutto del tema dell'apertura all'altro. Perché faccio questa sottolineatura? Perché se dobbiamo essere proprio sinceri, l'immagine della fratellanza o per lo meno dei fratelli nel Pentateuco in particolare, quindi all'inizio della Bibbia, non è che sia proprio esaltante, anzi non lo è proprio, perché se andiamo in serie e vediamo tutte le coppie di fratelli, non troviamo un'apertura così strepitosa.

Basta partire dalla prima coppia di fratelli che va a finire molto male, Caino e Abele, passando poi per tutte le altre coppie, Ismaele e Isacco, Esaù e Giacobbe, Giuseppe e i suoi fratelli. Forse il parametro della fratellanza non ci assicura necessariamente l'apertura all'altro. Forse già questa è una qualche forma di indicazione, è come se ci venisse detto dalla *Torah* in particolare, che una condizione di automatismo fraterno non è necessariamente risolutiva, cioè che il tema della fratellanza non è essere fratelli – diciamo così – genetici, figli degli stessi genitori, ma è piuttosto una modalità di relazione e non una condizione familiare, perché dentro la condizione familiare i rapporti fraterni sono decisamente molto complessi. Quindi l'elemento da approfondire è il tema dell'apertura all'altro, e in che rapporto questa apertura all'altro è connessa con la costruzione del sé, perché questo è uno dei grandi temi: come equilibrare il sé, senza arrivare all'egocentrismo esclusivo, e la relazione con l'altro. Mi sembra che l'ideale non sia evidentemente né quello della concentrazione assoluta ed esclusiva sul sé, ma sinceramente, nemmeno quello di "cancellare il sé per", spersonalizzarsi nella dimensione universale e collettiva, e anche su questo Papa Francesco ritorna in molti dei punti dell'Enciclica.

Allora la prima questione che in qualche modo è legata alla fraternità mi sembra che sia già intrinseca alla creazione del primo uomo, perché se noi andiamo a leggere attentamente una delle due narrazioni della creazione dell'uomo, quella che troviamo nel capitolo 1 della Genesi, è: *"wayyibrā' 'ĕlōhîm 'et-hā'ādām bĕṣalmô"*, "il Signore creò l'uomo a Sua immagine", *"bĕṣelem 'ĕlōhîm bārā' 'ōtô"*, "ad immagine del Signore lo creò", *"zākār ûnĕqēbâ bārā' 'ōtām"*, "li creò maschio e femmina". Il verso in realtà ha una incongruenza abbastanza evidente, una ripetizione che non sembra sensata "il Signore creò l'uomo a Sua immagine, ad immagine del Signore lo creò". I commentatori affermano che, in realtà, qui si stanno dicendo contemporaneamente due cose. Una è che l'uomo, in qualche modo, è ad immagine di Dio – e non entro qui nella questione di cosa possa significare essere ad immagine di Dio – ma anche che l'uomo è ad immagine di se stesso. Cioè la prima parte del verso che dice *"wayyibrā' 'ĕlōhîm 'et-hā'ādām bĕṣalmô"*, il Signore creò l'uomo, *"bĕṣalmô"* vuol dire non a propria immagine, quindi relativa al soggetto che è Dio, ma a sua immagine, quella dell'uomo. Secondo la letteratura rabbinica esiste quindi un archetipo umano che è l'immagine, e che è una sorta di stampo. È lo stampo con il quale l'uomo è fatto, ed è uno stampo identico per tutti. È un unico stampo, dice la *Mishnah* e poi anche il *Talmud,* che a differenza di come funziona l'uomo che quando crea o "produce" oggetti in serie con uno stampo, li fa tutti identici, che Dio usando lo stesso stampo, genera invece individui tutti diversi. Questa fonte, ripresa poi nella *Mishnah* nel trattato che si occupa della procedura penale dei tribunali, mi sembra che dica qualcosa di assolutamente importante: contemporaneamente e contestualmente l'irriducibilità di ciascuno e ciascun altro, perché lo stampo crea individui tutti diversi ma d'altra parte lo stampo è identico per tutti, e quindi si condivide lo stesso stampo pur essendo tutti diversi.

Nel *Talmud,* sempre nella pagina che si occupa di analizzare questo verso, viene fatta un'altra proposta che, per certi versi, sembrerebbe molto banale. La domanda è: ma per quale ragione Dio ha dovuto creare una umanità da un uomo solo? Da un essere umano solo? Noi lo diamo ovviamente per scontato perché nella nostra memoria letteraria o di credenti, la storia ci racconta che Dio ha creato un uomo solo, ma in realtà questo non è molto logico. Dio, se è onnipotente, avrebbe potuto creare direttamente un'umanità. Lo fa perché, dice la *Mishnah* ripresa dal *Talmud,* nessuno possa sostenere che suo nonno, suo padre, il suo antenato sia più grande dell'antenato di un altro, perché se tutti discendiamo da un solo essere umano necessariamente, non solamente condividiamo questa identità, ma non possiamo avere una pretesa di superiorità nei confronti di nessun altro, cosa che invece avrebbe potuto essere se Dio, invece di creare una persona sola, ne avesse create tante. Quindi, questo è già un punto che ci introduce alla necessità della condivisione di un tratto comune, uno stampo, e d'altra parte la riaffermazione della individualità.

Un altro episodio è reciproco di questa storia iniziale: la storia della Torre di Babele. Ci suggerisce, in effetti, la seguente idea: c'è un'umanità apparentemente concorde, *"wayhî kāl-hā'āreṣ śāpâ 'eḥāt ûdĕbārîm 'ăḥādîm"*, tutta la terra aveva o era caratterizzata da un'unica lingua e dalle stesse parole. Anche qui abbiamo un'altra volta una ripetizione che non si capisce bene. La tradizione esegetica ci dice che non era solamente una questione di monolinguismo ma era una questione ideologica, tutti avevano la stessa idea. Quindi da un certo punto di vista sembrerebbe la ricomposizione ideale di quello che era il progetto, Dio ha creato un uomo solo e qui abbiamo un'umanità che oramai è molteplice ma che condivide la stessa lingua e lo stesso pensiero. Il problema è che questa stessa lingua e questo stesso pensiero, ovvero questo meccanismo omologante non è per niente foriero e portatore di una fratellanza, e Papa Francesco lo dice, dice che – proprio nel capitolo dedicato all'apporto delle religioni – la fratellanza funziona o è un meccanismo su cui si deve lavorare nel momento in cui c'è un riconoscimento di un principio superiore all'uomo. "Se non esiste una verità trascendente, obbedendo alla quale l'uomo acquisisce la sua piena identità, allora non esiste nessun principio sicuro che garantisca giusti rapporti tra gli uomini, il loro interesse di classe, di gruppo, di nazioni li oppone inevitabilmente gli uni agli altri" (*Fratelli tutti*, 273). Che cosa succede in realtà nella Torre di Babele? La Torre di Babele sembra in qualche modo negare questo principio trascendente, perché è chiaro che quando l'uomo ha l'idea un po' balzana di arrivare al cielo, il *Midrash* – quindi la letteratura rabbinica – lo rielabora. La tradizione esegetica suggerisce che uno degli obiettivi fosse quello di mettere una statua sulla cima della Torre con una spada a sfida della dimensione divina. Quindi vuol dire la negazione di un principio trascendente, perché se esiste una statua con la spada che può apparentemente combattere il principio trascendente che è Dio, vuol dire che il principio trascendente è per definizione negato. Tra l'altro questa negazione è anche significata da un altro fatto, proprio dalla Torre stessa... Perché costruiscono una Torre? La Torre la costruiscono secondo una tradizione interpretativa semplicemente perché, dicono: abbiamo capito che ogni x anni, c'è un diluvio. E qual è il modo migliore per salvarsi dal diluvio? Semplicemente andando in alto. Se faccio una Torre che è più alta di dove arriva l'acqua, mi salvo. Ma c'è un piccolo problema: Dio aveva promesso che non avrebbe mai più mandato un diluvio. Quindi il fatto stesso di costruire una Torre è una evidente espressione di sfiducia, che è la negazione del principio trascendente. Quando è negato il principio trascendente, il meccanismo di unità umana non funziona, o comunque non è un principio di fratellanza oggettiva, quanto piuttosto un principio di delirio di onnipotenza per cui l'uomo pensa di sostituirsi a Dio, arrivare lì, "farsi un nome". E allora che cosa accade? Accade che l'intervento di Dio è un intervento, punitivo, sembrerebbe, ma anche salvifico. Che cosa fa? Confonde le lingue, perché forse – sta dicendo – bisogna passare per la differenza per ricostruire un'umanità che sia realmente fraterna e collaborativa. Nel momento in cui c'è omologazione, e questo è il termine che più volte ritorna come questione critica nella lettera Enciclica di Papa Francesco, questo meccanismo di solidarietà o di fraternità non c'è. Perché l'omologazione, in generale, non è per niente, volontaria ma è coatta, costretta. Nessuno si omologa per apparente scelta individuale, ma probabilmente perché costretto a farlo.

Quindi mi sembra che il messaggio sia: bisogna passare per la differenza per ricostruire o ricostituire una capacità di cammino solidale che non sia omologato, omologante. E' molto interessante che nel terzo capitolo di Sofonia al verso 9, in una visione escatologico-messianica, viene detto questo: "*kî-'āz 'ehpōk 'el-'ammî*", śāpâ bĕrûrâ", "perché io allora in quel momento", è Dio che parla, "riverserò sui popoli una lingua chiara", "*śāpâ bĕrûrâ*", non è più una unica lingua..."*liqrō' kullām bĕšēm [Hashem]*", "in maniera che tutti possano invocare il nome del Signore", ossia in riconoscimento al principio trascendente di cui parla Papa Francesco... "*lĕ'abdô šĕkem 'eḥād*", "per servirLo ad un'unica spalla," si potrebbe tradurre così, o "spalla a spalla". Si tratta di un riaggiustamento, "*tîqqûn*", il riaggiustamento della Torre di Babele. Qui non c'è bisogno di una unica lingua: la parola è la stessa, "*śāpâ*" diceva Genesi, o qui "*śāpâ bĕrûrâ*", vorrebbe dire che non solamente le parole sono diverse ma forse anche il modo di vedere le cose può essere diverso, l'importante è che ci sia una capacità di comunicazione che però ne è omologata. Questa "*śāpâ bĕrûrâ*" è proprio questo, la chiarezza di una lingua che vuol dire anche che ciascuno deve essere in grado di dire chiaramente qual è la sua identità, e questo non impedisce di "*lĕ'abdô*", "servire Dio", "*šĕkem 'eḥād*", "spalla a spalla". Addirittura si potrebbe tradurre con "un'unica spalla", che vuol dire portare qualche cosa insieme, allora è proprio il ribaltamento.

Mi sembra che una riflessione su questi due punti – Genesi, creazione dell'uomo e Babele – approfondisca o riconfermi questa necessità dell'integrazione tra molteplicità e unità universale. I due concetti non sono in contraddizione tra di loro: è un principio assolutamente cardine della tradizione ebraica. Per dimostrare questo principio e dunque l'apertura all'altro, vorrei fare qualche altro passaggio di episodi, iniziando con il "caso" di Abramo. Abramo è proprio prototipale in questa storia, e segnalerei su questo due o tre episodi che lo vedono protagonista. Il primo episodio è proprio la chiamata. In questo senso, veramente si può ricondurre quello che dice la *Torah* a ciò che dice Frankl quando distingue ambizione e vocazione. Ambizione è egocentrata e vocazione è etero centrata. Se andiamo a vedere in che modo avviene questa chiamata, questo è proprio il punto. Il testo in Genesi dice così: "*wayyō'mer [Hashem] 'el-'abrām*", "il Signore disse ad Abramo", "*lek-lĕkā*", "vai via" "*mē'arṣĕkā*", "dalla tua terra", "*ûmimmôladtĕkā*", "dalla tua patria", "*ûmibbêt 'ābîkā*", "dalla casa di tuo Padre", "*'el-hā'āreṣ 'ăšer 'ar'ekkā*", "verso una terra che io ti indicherò", "*wĕ'e'eśkā lĕgôy gādôl*", "ti renderò un grande popolo", "*wa'ăbārekkā*", "ti benedirò", "*wa'ăgaddĕlâ šĕmekā*", "farò grande il tuo nome", "*wehyē bĕrākā*", "tu sarai una benedizione, benedirò chi ti benedice, maledirò chi ti maledice e saranno benedette in te tutte le famiglie della terra". Il movimento qui è proprio centripeto, poi centrifugo. Da che cosa vediamo che il primo movimento è centripeto, cioè che va verso il centro, verso il sé? Dal fatto che il verbo andare all'imperativo è "*lek-*", "vai", ed è qui seguito dalla preposizione "*lĕ + kā*" con il suffisso personale di seconda persona, quindi se io dovessi tradurre letteralmente il comando di Dio che è una vocazione, Abramo non è concentrato su se stesso. Noi di Abramo sappiamo veramente molto poco dai versi precedenti, i versi finali del capitolo 11 di Genesi. È semplicemente una tappa, una pedina della genealogia che da Adamo è passata per Noè, e da Noè arriva ad Abramo. Non sappiamo dal testo per quale ragione Dio chiami proprio Abramo e non qualcun altro, quindi dobbiamo proprio immaginarla come una vocazione esterna. È il contrario di un'ambizione. In Abramo non c'è ambizione, ma piuttosto la risposta ad una chiamata. Ma in questa chiamata che viene dall'esterno, è anche necessaria una chiarificazione della propria identità. Ecco perché il primo movimento che Abramo deve fare è andare verso di sé e poi andare verso l'esterno: "*lek-lĕkā*", vai a te e poi vattene via, muoviti, allargati, potremmo dire così. Quindi mi pare che nell'*incipit* di quella che è la storia del popolo d'Israele, ma di tutti quelli che si riconoscono nell'origine di Abramo, c'è questa necessità di consapevolezza del sé o chiarificazione del sé e poi questo movimento verso l'esterno, che è sintetizzato in maniera molto chiara dal terzo verso in cui è detto "saranno benedette in te tutte le famiglie della terra". Quindi la questione non è evidentemente autoreferenziale, Abramo non è un ambizioso, la sua scelta è la risposta a una chiamata nella quale si equilibrano e si relazionano tra di loro il movimento verso sé di chiarificazione e il movimento verso l'esterno che diventa una benedizione, non per Abramo – anche per Abramo! – ma per tutte le famiglie della terra. E in effetti il verso 4 comincia dicendo "Abramo andò...", e se uno non va, se uno non si muove e resta chiuso nel proprio io, non c'è la possibilità di entrare in relazione con l'altro e anche di comunicare con lui. Per comunicare bisogna, in un certo senso, muoversi. La tradizione rabbinica propone questa similitudine: una boccetta di profumo, se sta ferma in un posto fa sentire il suo profumo solo in quel luogo, ma se la si muove aperta, potrà espandere il suo profumo. Quindi c'è la necessità del movimento, andare verso l'esterno, verso l'altro per entrare in comunicazione e far conoscere un pensiero, un'idea, una visione, ed è quello che Abramo poi farà...

In questa prospettiva, citerei nella direzione della fraternità, della solidarietà, dell'apertura a chi viene da fuori, dell'apertura allo straniero, dell'apertura all'altro - che è un altro dei grandi temi su cui ritorna Papa Francesco nell'Enciclica-, due tra i tanti episodi pertinenti. Il primo è quello che ci racconta l'Annunciazione della nascita di Isacco. La pericope settimanale comincia con questo verso *"wayyērā' 'ēlāyw [Hashem] bě'ēlōnê mamrē"*, "il Signore gli apparve nel Querceto di Mamre, e lui, Abramo, era seduto alla porta della tenda nel momento più caldo della giornata". In realtà nella traduzione letterale si dovrebbe fare qualche correzione a questa traduzione, che sarebbe: "e gli apparve il Signore, nel Querceto di Mamre e lui siede alla porta della tenda come se fosse il momento caldo della giornata". Che cosa vorrà dire? L'esegesi rabbinica suggerisce queste riflessioni: cosa sta facendo Abramo sulla porta della tenda? È un uomo molto anziano… Alla fine del capitolo precedente è stato raccontato che si è circonciso, quindi abbiamo un vecchio centenario, convalescente – potremmo definirlo un convalescente centenario – e non è proprio il luogo più logico dove stare. Un centenario convalescente oggi starebbe o in casa, o nel letto o in clinica se ha la possibilità di stare in clinica. Invece lui sta alla porta della tenda e tra l'altro ci sta nel momento più caldo della giornata, quindi è qualcosa di totalmente illogico. La tradizione dice che Abramo è lì perché aspetta i viandanti, cioè ha una tale necessità di ospitare i viandanti, totalmente sconosciuti, che nonostante sia vecchio e convalescente, li aspetta. Dio si rende conto e allora che cosa fa? Fa venire un caldo terrificante, e per questo è scritto: come se fosse il momento più caldo della giornata perché non era il momento più caldo della giornata, ma Dio ha tirato fuori così in un'immagine poetica – dice la tradizione esegetica – il Sole dal Suo astuccio, e aveva fatto venire un caldo terrificante. Perché aveva fatto questo? Per convincere Abramo che, con un caldo del genere, nessun viandante sarebbe arrivato e che quindi poteva tranquillamente ritirarsi al fresco. È interessante perché, se dobbiamo usare due caratteristiche che nella proposizione 194 e in quella 203 Papa Francesco usa, è come se ci fosse una sorta di gentilezza, tenerezza di Dio nei confronti di Abramo in questo momento. Cioè Dio sa bene che Abramo è smanioso di ospitare, ma vorrebbe che, come un centenario convalescente, stesse al riparo. Abramo, invece, non si sposta da lì, nonostante il caldo, in attesa di viandanti… A quel punto, Dio manda effettivamente dei viandanti, li manda perché sa che è l'unico modo per indurre Abramo a auto-proteggersi. E in effetti subito dopo viene detto "…alzò gli occhi e vide ed ecco c'erano tre uomini che stavano vicino a lui". Cosa fa? Li vide, corse – è sempre lo stesso centenario convalescente, non è diventato improvvisamente un giovinetto – corse verso di loro dalla porta della tenda e si prostrò a terra. E poi disse "…signori miei se io ho trovato grazia ai vostri occhi non oltrepassate il vostro servo, venga presa un po' d'acqua, lavatevi i piedi e riposatevi sotto l'albero. E io prenderò una pagnotta e voi vi rifocillerete e dopo potrete andare avanti. Per questo motivo siete passati presso il vostro servo". E loro risposero "fai così come hai detto". E allora Abramo si affrettò alla tenda, sempre lo stesso centenario, verso Sara e disse "sbrigati!". Pure Sara non era una giovinetta, "sbrigati, impasta tre *sea* di fior di farina e fai delle torte". Poi corse al gregge e prese un animale tenero e lo diede a un suo inserviente e lo sollecitò a prepararlo velocemente, e poi prese formaggio, burro e latte e il capretto che aveva preparato e lo presentò di fronte a loro. Abbiamo qui uno spaccato della personalità di Abramo, la spasmodica apertura verso l'altro… Sono dei totali sconosciuti, noi lettori, con la memoria della lettura precedente diciamo che sono angeli, ma il testo non lo consente: il testo dice che erano tre uomini.

La successione del primo e del secondo verso di questo episodio dice che prima appare Dio ad Abramo e poi arrivano i tre uomini. La tradizione esegetica suggerisce qualcosa che sembra quasi ridicola, ovvero il fatto che Abramo dice a Dio: aspetta qui, vado ad occuparmi dei viandanti. Ora è proprio questo perché i due versi, se si leggono attentamente, devono funzionare per forza così: il Signore gli apparve, alzò gli occhi e vide i tre uomini. Non possiamo immaginare che l'apparizione di tre uomini coincida con la rivelazione di Dio, vuol dire che sono due azioni diverse. Mentre era oggetto di questa apparizione divina, vede gli uomini e, tant'è che una volta che gli uomini sono andati via, Abramo ritorna e Dio che pazientemente ha aspettato Abramo. Perciò è – diciamo – un meccanismo che ci indica quanto Abramo sia aperto agli altri, dedito agli altri, solidale nel senso che percepisce le necessità, e che attivamente agisce per soddisfare le necessità di quel momento del viandante che allora gli compare a casa. Secondo la tradizione rabbinica la tenda di Abramo aveva una porta per ogni lato, che è un modo per indicare da ovunque tu venga c'è un'entrata, e questo è il tema delle migrazioni, le migrazioni di cui parla Papa Francesco, l'accoglienza. Mi sembra che questo modello di Abramo sia di iper-accoglienza, e tra l'altro una iper-accoglienza che non fa differenze identitarie perché la tradizione esegetica dice che: "l'aspetto esteriore di questi tre uomini era aspetto di arabi". Dobbiamo cercare di capire cosa significhi aspetto di arabi al tempo di Abramo. Non è molto importante capire esattamente la loro etnia: erano semplicemente stranieri, rispetto all'identità di Abramo, eppure lui è assolutamente pronto, sollecito, molto sollecito. La propensione verso l'altro, l'apertura verso l'altro è a 360 gradi. Significa non solamente essere ospitali ma che ospitalità vuol dire un'azione che va ben oltre il fatto…, avrebbe potuto tranquillamente dire va bene vi porto un po' d'acqua, fermatevi, riposatevi un po' e poi andate avanti. Invece lui apparentemente dice questo, venga presa un po' d'acqua rifocillatevi un po' e poi andate avanti, dopodiché prepara di fatto un banchetto, cioè prepara molto più di quello che era l'esigenza base dei viandanti. È un modello da questo punto di vista, ripercorrendo attraverso questa chiave di lettura di ciò che dice Papa Francesco nella *Fratelli tutti*. Mi sembra che siamo nella linea di questa apertura, di questa disponibilità all'altro.

Una volta che uno di questi tre ha annunciato che entro l'anno gli nascerà un figlio, abbiamo l'episodio il cui *incipit* è il seguente: loro se ne vanno, vanno verso Sodoma e Abramo li accompagna. Dopodiché, il Signore disse "*hamkasse 'ănî mē'abrāhām 'ăšer 'ănî 'ōśe*", ossia, "posso io nascondere ad Abramo quello che sto per fare?" Che è un'altra barzelletta perché che vuol dire posso io nascondere? Certo che puoi nascondere... "E Abramo sarà un grande popolo, saranno benedette in lui tutte le genti della terra." Quindi è legato alla vocazione: "io non posso nascondere ad Abramo quello che sto per fare" – che è la volontà di distruggere Sodoma e Gomorra –in virtù del fatto che Abramo sarà un grande popolo in cui tutte le genti saranno benedette. Il che vuol dire: fammi fare un test – diciamo così – voglio vedere, io non glielo nascondo non perché io non possa nascondere, ma voglio vedere un po' quale sarà la reazione di Abramo, "perché io l'ho conosciuto, l'ho riconosciuto, l'ho scelto affinché comandi ai suoi figli e alla casa dopo di lui, di osservare la strada del Signore nel fare giustizia e diritto". Quindi questo è il motivo: vediamo un po' come si comporta Abramo. A questo punto Dio gli comunica ciò che intende fare, ovvero che è giunto fino a lui il grido di Sodoma e la peccaminosità dei suoi abitanti, e vuol vedere se le cose stanno esattamente come ha percepito. Ora gli abitanti di Sodoma erano, almeno da come ce li racconta il testo, malvagi. La disponibilità di Abramo nel primo episodio era rispetto ai viandanti, agli sconosciuti, adesso si impegna ancora una volta fattivamente a favore di chi è malvagio in maniera conclamata. Secondo la tradizione, uno dei motivi è che erano poco ospitali, questa la loro malvagità. Insomma sono cattive persone. Invece cosa fa Abramo? Fa una trattativa, che non è la cosa più normale che ci verrebbe in mente di fare. Dio dice quello che ha intenzione di fare e parte una trattativa, una trattativa serrata. Abramo comincia a dire, se ci sono 50 giusti in quella città, non salvi i giusti, ma salvi la città in virtù del fatto che ci sono quei giusti... Anche se sono 45, 40 fino a 10. La richiesta di Abramo non è quella di salvare le brave persone ma, se ci sono brave persone, è di salvare anche quelle che brave non sono. La logica è che se ci sono delle brave persone in un posto, secondo un meccanismo solidale queste brave persone, in qualche modo, intervengono nei confronti di quelle che brave non sono. L'apertura di Abramo nei confronti degli altri, dell'altro, mi sembra ancor maggiore di quanto non sia già evidente nell'episodio dell'annunciazione della nascita di Isacco. Perché lo fai? Che vantaggio ne trai? No, non c'è nessun motivo ragionevole per cui Abramo si mette a discutere con Dio- non con il primo passante di turno- ma con Dio. È pronto a discutere con Dio usando una retorica molto raffinata, non banale. È pronto a discutere con Dio per salvare una collettività, delle città che in realtà, tecnicamente, non meriterebbero di essere salvate. Il modello di Abramo in questo senso è esattamente nella tematica della apertura – non tanto della fratellanza – o della solidarietà, della dedizione, dell'accoglienza, dell'impegno nei confronti degli altri. Rispetto al caso dei tre angeli che ha accolto in casa sua, qui va oltre, non è una questione di accoglienza ma di intervento fattivo a favore di altri, che sono le linee su cui si sviluppa una buona parte della lettera enciclica di Papa Francesco.

Un altro caso interessante è quello di Rebecca che sposerà il figlio di Abramo, Isacco. Rebecca viene scelta in modo molto macchinoso: Abramo manda nella regione da cui proviene il suo amministratore Eliezer. Eliezer va, ma non sa bene come scegliere – oggi diremmo si fa un film in testa. E quale film si fa? Io sto qui e alla ragazza che attinge l'acqua domanderò, dammi da bere! Se mi darà da bere e darà da bere anche ai miei cammelli questo è il segno che tu Dio hai scelto questa donna per il figlio del mio padrone. E in effetti appena ha finito questo film in testa, compare una ragazza che dà da bere a Eliezer e con gli stessi verbi che sono stati usati per indicare come agisce Abramo che corre di qua e di là, lei corre, attinge, corre di nuovo e fa bere i cammelli, che notoriamente sono dei grandi bevitori. Per una persona come Rebecca che è giovane, e con la collocazione della fonte in basso è una grande fatica, e Eliezer per lei è totalmente uno straniero. Quando lo incontra, esattamente come Abramo non sa che i tre uomini che gli compaiono sono tre angeli, Rebecca vede quest'uomo semplicemente come uno sconosciuto, uno straniero, uno che viene da un'altra parte e non ha la minima idea che sia in qualche modo connesso con Abramo di cui lei è pronipote (suo nonno è il fratello di Abramo). La moglie di Isacco dovrà avere quelle caratteristiche che abbiamo visto essere essenziali in Abramo e quindi vuol dire che sarà un po' l'immagine della prosecuzione.

Vorrei fare due brevissime osservazioni prima di concludere. Facendo riferimento a questi arcinoti episodi biblici, nell'ottica di una lettura che integra il testo scritto con la tradizione orale e quindi l'esegesi, abbiamo un modello che è Abramo, colui da cui tutto inizia, che corrisponde ad una modalità di apertura, di dedizione, di solidarietà e di impegno concreto e fattivo e di una non concentrazione su se stesso. È un *unselfer*, Abramo, che risponde alla chiamata. Se dovessi citare un altro brano rabbinico noto, di Hillel, un maestro citato da Papa Francesco per un'altra fonte, è un insegnamento molto citato, che dice questo: "*'im 'ên 'ănî lî mî lî*", se io non sono per me chi è per me?, o detto in altri termini è la stessa preposizione che viene usata in "*lek-lĕkā*" "vai verso di te". Quindi io potrei tradurre così: "se io non vado verso di me, quindi se io non riesco ad identificarmi, se non riesco a costruire la mia identità, nessun altro lo può fare". Non c'è un altro che può svolgere il compito di definizione identitaria mia, per mio conto. E questo è vero per l'individuo, per le collettività, per i gruppi, non c'è altro che mi possa definire: sono io che devo farlo. Un'autodefinizione esterna non sarebbe un'autodefinizione, sarebbe una definizione imposta. È come se Hillel dicesse: "il primo passo è: bisogna sapere chi siamo, bisogna cercare di capire che ci stiamo a fare qui, qual è il senso". Questo è ciò che dice Papa Francesco, e quello che dice Viktor Frankl, bisogna avere una vita significativa. Ora la vita significativa non può essere concentrata solamente su se stessi, è necessario che il significato della propria esistenza sia legato alla propria identità. I maestri di una certa corrente ebraica del secondo settecento, i Musar, dicono che il senso della tua vita in ogni istante lo puoi adempiere solamente tu, nessun altro, in ogni momento; non nella vita complessivamente, ma in ciascun momento della tua vita, in ciascun secondo quello che devi fare, lo puoi fare solamente tu, nessun altro lo potrà fare. Questo è il primo punto. La seconda parte dell'insegnamento di Hillel è "*ûkĕšĕ 'ănî lĕ 'aṣmî*", quando io sono solamente per me stesso, e "*'eṣem*" cioè osso, "*'aṣmiyyût*" vuol dire indipendenza. Quando io sono troppo indipendente, quando io sono eccessivamente autoriflesso e quindi penso di essere totalmente indipendente senza relazioni, "*mâ 'ănî*", cosa sono io? La domanda non è chi sono io? Ma cosa sono io? È come se stesse dicendo Hillel, che se l'individuo è troppo concentrato su se stesso, si reifica, non è più un individuo, non è più una persona, scivola verso l'essere una cosa "*wĕ 'im lō' 'akšāyw 'êmātay*", se non adesso quando? C'è una certa urgenza, è quello che fa Abramo, bisogna affrettarsi.

C'è molto materiale su cui riflettere, ce ne può essere evidentemente anche molto altro ma mi sembra che ci siano delle evidenti e forti convergenze rispetto a quello che Papa Francesco nella sua Enciclica dice in relazione a questo tema che, con una certa cautela, definirei la fratellanza. Mi sembra meglio dire, l'apertura e la disponibilità nei confronti degli altri.

La dimensione fraterna della spiritualità
La spiritualità della fraternità

Jaime Emilio González Magaña

1. Introduzione: la fraternità e l'amicizia sociale come "patrimonio spirituale" di papa Francesco

L'Enciclica *Fratelli tutti* è una sorta di "eredità spirituale" di Papa Francesco, come ha scritto Rafael Navarro-Vals dell'Accademia Spagnola delle Scienze Sociali,[1] poiché secondo il Papa stesso si riferisce a "questioni relative alla fraternità e all'amicizia sociale, che sono sempre state una mia preoccupazione. Negli ultimi anni ne ho parlato ripetutamente e in diversi contesti. In questa Enciclica ho cercato di riunire molte di queste affermazioni e di collocarle in un più ampio contesto di riflessione" (n. 5).

Qual è questo più ampio contesto di riflessione? Non solo l'irruzione della pandemia del Covid-19, che ha lasciato molti morti e segregato negli ospedali e a casa moltissime persone, colpendo il lavoro, l'educazione commerciale e molte altre importanti attività sociali. A questo nuovo contesto appartengono anche i suoi frequenti incontri interreligiosi con cristiani ortodossi, ebrei e musulmani, i suoi discorsi a molti governi e alle Nazioni Unite, le sue visite pastorali a diverse chiese e le sue prediche quotidiane a Santa Marta, che sono oggi un momento importante per comprendere l'insegnamento pontificio. Soprattutto, è importante menzionare la sua speciale devozione a San Francesco d'Assisi, che ha ispirato la sua famosa Enciclica *Laudato si'* e che il Papa venera non solo come un fratello nella fede ma come un padre. *Fratelli tutti* afferma:

> Francesco non ha fatto una guerra volta a imporre dottrine; ha semplicemente diffuso l'amore di Dio...

---

[1] Seguo la presentazione di Morandé, Pedro. (2021). *Fraternity and Social Friendship as a "Spiritual Heritage" of Pope Francis. Comment on the Encyclical Fratelli tutti*. In: *The proceedings of the Webinar on Fratelli tutti*. Edited by Pierpaolo Donati, Roland Minnerath, Marcelo Sánchez Sorondo, Stefano Zamagni. Città del Vaticano: Libreria Editrice Vaticana. La traduzione è nostra.

In questo modo divenne un padre per tutti e ispirò la visione di una società fraterna. Infatti, 'solo l'uomo che si avvicina agli altri, non per attirarli nella propria vita, ma per aiutarli a diventare sempre più pienamente se stessi, può essere veramente chiamato padre'. (n. 4).

Sembra molto significativo sottolineare questa allusione paterna dell'Enciclica, perché riflette l'atteggiamento vitale con cui gli insegnamenti pontifici hanno considerato la realtà sociale in molti tempi. Spesso, con buona o cattiva volontà, gli insegnamenti sociali della Chiesa sono stati criticati per aver abbandonato il loro approccio religioso per concentrarsi esclusivamente sul profano. Ma, come i suoi predecessori, il Papa insegna che non si può affrontare la creazione senza considerare l'azione di Dio e senza prendere in considerazione la sua impronta profonda lasciata sulla sua opera, soprattutto la creazione dell'essere umano, fatto a immagine e somiglianza di Dio e chiamato a un dialogo amorevole e fecondo con il suo Creatore. Inoltre, come sottolinea il Papa nella citazione sopra riportata, il carattere paterno di Dio non si manifesta una volta per tutte ma, secondo il dinamismo vitale della sua stessa creatura, si manifesta passo dopo passo con la maturità della sua coscienza e della sua libera risposta all'invito di Dio al dialogo. La condizione filiale dell'essere umano si sviluppa in ogni circostanza storica.

Il dinamismo umano non è dunque separabile dal dinamismo paterno di Dio stesso. Questo approccio ci permette di comprendere meglio l'antropologia ma anche il carattere evolutivo della società o, come i sociologi preferiscono chiamarlo, la dimensione "processuale" dei fatti sociali. Come Dio si manifesta paternamente e creativamente nella vita umana in modo progressivo, così la società struttura il fenomeno umano con un dinamismo temporale in costante movimento e adattamento alle mutate circostanze storiche. Quando qualcuno parla di "globalizzazione", per esempio, non si riferisce a un fenomeno strutturato in modo fisso e invariante, ma piuttosto a un processo, che ha impiegato diversi secoli per maturare e rimanere aperto al futuro. Pertanto, il principale errore concettuale sulla comprensione della realtà sociale è quello di lasciarsi trasportare dalle "ombre di un mondo chiuso", come accenna il Papa nel primo capitolo della sua Enciclica. Tale approccio manifesta un confinamento ideologico, normativo, pedagogico, comunicazionale ed esistenziale, cioè una chiusura del tempo che nasconde il mistero vivo di Dio, riducendolo a uno dei tanti idoli del foro.

Quali sono - secondo il Papa - le principali ombre di questo confinamento? Sotto il generico manto della globalizzazione, egli individua due dinamismi, antagonisti e convergenti: la dinamica del mercato e la dinamica del populismo. Pur provenendo da ambiti diversi, entrambi sono riusciti a convergere in un'unica grande dinamica, che muove il mondo contemporaneo. Da un lato, la dinamica del mercato si è resa autonoma grazie alla stabilità dei meccanismi finanziari, che regolano sempre più le aspettative sociali, indipendentemente dai diritti particolari e collettivi riconosciuti agli attori economici. Dall'altro lato, il dinamismo creato dalle richieste della popolazione di prestazioni pubbliche e private riguardanti il suo tenore di vita, la sicurezza sociale della disoccupazione, la situazione della pensione, l'invecchiamento della popolazione, l'estensione dell'educazione, di un alloggio sicuro e molte altre richieste si sono acute. Alcune di esse hanno generato tendenze populiste, a volte molto violente, che, lungi dal proteggere i diritti personali, sono state utilizzate per scopi congiunturali non conformi al benessere delle persone[2].

Entrambi i dinamismi tendono a contraddirsi, anche se a volte convergono e si sostengono reciprocamente nell'uso della violenza, come si è verificato nell'ambito della popolazione migrante, nella pressione sui prezzi e nel controllo del virus pandemico dell'anno scorso. Comunque, secondo il Papa, la contraddizione tra i due dinamismi rappresenta una delle maggiori tensioni sociali del presente, ben oltre il dibattito ideologico e geostrategico delle potenze mondiali. Anche se l'Enciclica si è concentrata sui due meccanismi sopra citati considerati più rilevanti per il benessere umano oggi, si potrebbe dire che altri meccanismi analoghi attraversano il governo dell'ordine sociale nel suo complesso, come la riproduzione pianificata degli esseri umani, la scienza, le politiche di salute pubblica e di educazione, le massicce connessioni pubbliche e private della rete dei media e molti altri temi sociali che si sono formati nel corso dei secoli con l'evoluzione della società.

I sociologi di solito si riferiscono a tutti loro come all'emergere di una società differenziata funzionale, in cui le persone contano in base alla funzione che svolgono in un certo sottosistema senza considerare le funzioni che svolgono significativamente in altri. La disaggregazione che ne risulta è valida per la società nel suo insieme, in particolare per il suo governo, per la mancanza di fiducia tra le persone, per la garanzia dell'ordine sociale. Questa tendenza culturale è davvero più importante oggi per l'integrità di ogni persona che ha difficoltà a ricostruire l'unità e la verità di sé. In famiglia e tra amici, che sono entrambi sistemi non funzionali, il sé sembra ancora possibile, ma ugualmente sottoposto alle tensioni dell'ordine fun-

---

[2] Cf. DONATI, Pierpaolo. (2021). *Fraternity Takes Concrete Form in Generating Relational Goods*. In: *The proceedings of the Webinar on Fratelli Tutti*. Edited by Pierpaolo Donati, Roland Minnerath, Marcelo Sánchez Sorondo, Stefano Zamagni. Città del Vaticano: Libreria Editrice Vaticana. La traduzione è nostra.

zionale. Seguendo la terminologia a disposizione, il Papa chiama questa disaggregazione funzionale "decostruzionismo" (n. 13), sottolineando che essa genera una cultura dell'usa e getta, poiché abbandona o scarta le persone comuni quando sono deboli, malate, disabili, disoccupate o apolidi. Esse sono costrette a vivere in un mondo a volte vittima della violenza politica e istituzionale o incapaci di difendersi da essa. Per il Papa, un esempio emblematico di queste "ombre di confinamento" è presente da anni nel fenomeno migratorio, sia in Europa che in altre parti del mondo, rendendo evidente come le tensioni economiche, politiche e culturali siano imposte a persone indifese, sia nei paesi di origine che in quelli di destinazione.

Ma in un certo senso, e come risultato delle tensioni sopra descritte, tutti gli esseri umani sono diventati migranti nei loro rispettivi paesi. Per questo il Papa sottolinea che non basta chiedere genericamente giustizia e uguaglianza. Sono urgenti la fraternità, l'amicizia sociale e la valutazione interumana che è possibile nell'ambito locale, nei rapporti faccia a faccia, come spesso accade nel rapporto tra uomini e donne, nelle famiglie, nelle scuole e in tutte le istituzioni culturali. Le espressioni "fraternità" e "amicizia sociale" non definiscono solo una piccola area di interazione a misura d'uomo al di fuori della complessità sociale, ma soprattutto un dinamismo, uno sviluppo che guida e stimola le potenzialità umane, il desiderio di un futuro condiviso. L'amicizia combatte l'indifferenza osservata tra coloro che si considerano principalmente come strumenti di progetti economici o politici e sono privati di essere protagonisti della propria vita. In cambio, offre la partecipazione a una vita condivisa. La fraternità universale è senza dubbio una proposta di pace e di giustizia, come è stata l'ispirazione costante del magistero di tutti i Papi dopo il Vaticano II e certamente del Papa attuale. Si può dire che questa visione rinnovata rappresenta anche un grande progresso nella formulazione della Dottrina sociale della Chiesa, nella misura in cui la tradizionale discussione ideologica di riferimento tra liberalismo e marxismo viene sussunta in una riflessione più ampia sui meccanismi sociali oggettivi che condizionano lo sviluppo dell'esistenza umana nel contesto di un mondo più globalizzato e interdipendente. Ciò richiede una comprensione più profonda del Piano di Dio in questi momenti della storia. Richiede, soprattutto, una visione e un'esperienza di Dio in cui si fonda la fraternità come segno della sua paternità. Questa è anche la ragione per cui il Papa conclude la sua Enciclica con una profonda preghiera a Dio come Padre comune dell'umanità. In questa presentazione, offriamo una sintesi dei principali contributi degli esperti nell'argomento.

2. La fraternità è un valore della Chiesa

È molto importate ricordare che la fraternità non è un argomento ideato da Papa Francesco, anzi, è un tema classico dell'immaginario cattolico e della predicazione della Chiesa, su cui non mancano certo i contributi. Sin dall'inizio, Dio, l'Amore, nel creare l'uomo a sua immagine dichiarò: "Non è bene che l'uomo sia solo"; perciò "fece tutti gli uomini di un solo sangue per abitare sulla faccia della terra". A tutti dà vita, movimento ed essere. Poiché tutti sono fratelli in umanità, figli di uno stesso Dio, devono amarsi vivendo in comunione e fratellanza. È vero che "per la Scrittura, l'essere umano è per natura un essere relazionale, rivolto all'altro, perché è stato creato a immagine e somiglianza di Dio"; tuttavia, se analizziamo la vita della prima famiglia, possiamo vedere che la comunione della prima coppia finisce nel fallimento, mentre la prima fraternità finisce nel fratricidio. Possiamo quindi chiederci se sia possibile vivere la comunione e la fraternità. Prima di farlo, è necessario comprendere il significato biblico di comunione e di fratellanza. È possibile la fraternità tra gli uomini senza la comunione con Dio? Quali sono gli ostacoli biblici alla comunione e alla fraternità? E quali sono i vantaggi? Queste sono le domande a cui cercheremo di rispondere, seguendo le indicazioni degli esperti nell'argomento[3].

2.1. *La fraternità nell'Antico Testamento*

Se guardiamo l'Antico Testamento, troviamo la parola fraternità in due luoghi: "Secondo lo studio di R. Sarah, nell'Antico Testamento, il termine fraternità appare solo nel libro di Zaccaria (Za 11, 4-14) e nel libro dei Maccabei (1M12, 10-17)". È un termine piuttosto tardivo e non si riferisce qui alla comunità religiosa. Ci si potrebbe quindi chiedere se vale la pena riflettere sul significato della comunione nell'Antico Testamento. Per rispondere a questa domanda, dobbiamo prima chiarire il significato di questa parola: la fraternità richiama il legame che unisce i fratelli; coloro che condividono i genitori o uno dei genitori; implica quindi la paternità e la filiazione. Nel senso più ampio, va oltre il legame di sangue per includere altri tipi di legami. L'Antico Testamento parla molto della relazione tra fratelli e della paternità di Dio.

---

[3] In questa presentazione offro soltanto una sintesi dell'opera di NDEREYIMANA, Privat. (2015). *La communion et la fraternité dans l'enseignement du Pape Jean Paul II. Vers une spiritualité sacerdotale diocésaine*. Roma: PUG. La traduzione è nostra.

2.1.1. La relazione tra fratelli nell'Antico Testamento

In ebraico, *"ach"*, letteralmente "fratello", è usato in un senso molto ampio e significa nipote (Gen 14,14-16), zio (Gen 29,15), cugino (Lev 10,4; 1Chr 23,21); è quindi una questione di relazione di sangue. In un senso ristretto, i fratelli sono coloro che sono nati dallo stesso sangue materno (Gen 4,2; Deut 25,5-9). In un senso più ampio, coloro che sono della stessa tribù (2S19:12-13) o di una tribù vicina (Dt 2:4-8; 23:8), dello stesso popolo (Dt 25:3; Jdg1:3) rispetto agli stranieri (Dt 1:16; 15:2f), possono essere chiamati fratelli. I popoli che discendono dallo stesso antenato, come Edom e Israele, sono anche chiamati fratelli (Dt 2, 4.8; Am 1, 11). Oltre a questa fraternità basata su legami di sangue, la Bibbia conosce un'altra fraternità il cui legame è di natura spirituale: coloro che sono uniti dall'alleanza (Am 1,9; 1Re 20) possono essere chiamati fratelli. I veri amici possono essere chiamati fratelli. "Fratello e sorella in ebraico, *Ach e achot*, in greco *Adelphos* e *adelphe* designano i figli degli stessi genitori (Gen 4,2), dello stesso padre e di una madre diversa (Gen 20,12), della stessa madre e di un padre diverso (Gen 43,7; Lev 18,9; 20,17)." I re di pari potere si danno il titolo di fratello (1Re 9,13; 20,32f); lo stesso vale per i coniugi.

Dato che la nozione di fratelli è lunga dall'essere univoca nell'Antico Testamento, che va al di là del legame di sangue e dell'Alleanza, possiamo chiederci come si viveva la fraternità in Israele. Infatti, nella prima fraternità umana, "Caino cadde su suo fratello Abele e lo uccise" e quando Dio gli chiese dove fosse suo fratello, egli dichiarò: "Non lo so; sono forse io il guardiano di mio fratello?" La prima fraternità porta al fratricidio a causa della gelosia. "Yahweh vide che la malvagità degli uomini era grande sulla terra e che tutti i pensieri del loro cuore non andavano di giorno in giorno che al male... la terra era piena di violenza. E l'Eterno si pentì di aver fatto l'uomo sulla terra e si rattristò in cuor suo." Dio decise di distruggere ogni essere vivente con il diluvio e disse: "Perché hanno riempito la terra di violenza; ecco, io li distruggerò con la terra".

Noè, l'unico giusto, sarà salvato: "Entrò nell'arca con i suoi figli, sua moglie e le mogli dei suoi figli, per sfuggire alle acque del diluvio". Alle otto persone che uscirono dall'Arca dopo il diluvio, Yahweh ripete ciò che aveva detto ad Adamo ed Eva: "Siate fecondi e moltiplicatevi e riempite la terra... e la loro discendenza popolerà tutta la terra". Quando sono diventati numerosi sulla terra, gli uomini si sono preoccupati solo di farsi un nome sulla terra, il che ha portato alla confusione delle lingue; la fraternità non era più possibile perché parlavano senza capirsi.

Yahweh decise di formare un unico popolo che sarebbe stato un modello di comunione e fraternità. Ecco perché ha chiamato Abramo per essere l'origine di questo popolo. Già in casa sua, la fraternità si stava dimostrando difficile: "Sarah vide ridere il figlio che Agar l'egiziana portava ad Abramo, e disse ad Abramo: 'Manda via quella serva e suo figlio, perché il figlio di quella serva non eredilerà con mio figlio, con Isacco'." I due figli di Isacco, Esaù e Giacobbe, cominciano a scontrarsi molto prima della loro nascita; il figlio minore, dopo aver comprato la primogenitura del fratello, gli ruba la benedizione. Esaù era arrabbiato con suo fratello e disse in cuor suo: "Ucciderò Giacobbe, mio fratello". Giacobbe è costretto a fuggire per sfuggire alla morte. Come aveva ingannato suo padre per rubare la benedizione di suo fratello, Giacobbe pagherà la bugia del suo buon padre Labano lavorando duramente per lui e sposando due sorelle gelose. La storia di Giuseppe, figlio di Giacobbe, figlio di Abramo, venduto dai suoi fratelli ci è molto nota: "I suoi fratelli videro che il loro padre lo amava più di tutti loro, e lo odiarono... lo odiarono ancora di più, a causa dei suoi sogni e delle sue parole... tramarono per ucciderlo... lo vendettero per venti sicli d'argento agli Ismaeliti, che lo portarono in Egitto".

2.1.2. Esempi di fraternità nell'Antico Testamento

Dato quanto era difficile vivere in comunione nell'Antico Testamento, possiamo dimenticare gli esempi di comunione tra Mosè e Aronne, Rut e Noemi, Davide e Gionata ecc... Infatti, "Mosè vide un egiziano che colpiva un ebreo tra i suoi fratelli... uccise l'egiziano... fuggì" e mentre fuggiva, Yahweh lo rimanda in Egitto per liberare il suo popolo. Riconosce che non è in grado di parlare facilmente e chiede aiuto. Yahweh rispose: "Non c'è forse tuo fratello Aronne, il levita? Tu gli parlerai e metterai parole nella sua bocca, e io sarò con la tua bocca e con la sua bocca e ti insegnerò ciò che devi fare. Egli parlerà per te al popolo; egli sarà la tua bocca, e tu starai al posto di Dio per lui." Durante la loro missione, hanno lavorato insieme come veri fratelli. Tuttavia, questo non significa che non abbiano mai avuto qualche momento di disaccordo; poiché "Mosè era un uomo molto paziente, più di ogni altro uomo sulla faccia della terra", cercava di scoprire la radice del problema e perdonava sinceramente.

Noemi, una vedova che perde i suoi due figli fuori dal suo paese, ritorna in Giudea; una delle sue nuore, Rut, si rifiuta di lasciarla sola e dice: "Dove andrai tu, andrò io; dove abiterai tu, abiterò io; il tuo popolo sarà il mio popolo, e il tuo Dio sarà il mio Dio; dove morirai tu, morirò io, e lì sarò sepolto". Lavora duramente perché abbiano abbastanza da mangiare, mentre sua suocera vuole darle riposo per renderla felice. Il risposo di Rut darà a Noemi molta gioia e la nascita di Obed le darà speranza nella vecchiaia.

Davide, un piccolo pastorello, era un grande amico di Gionata, figlio del re Saul. Quando suo padre voleva ucciderlo, Gionata fece di tutto per salvarlo: parlando favorevolmente di Davide a suo padre, avvertendolo in tempo del pericolo perché potesse fuggire. Gionata disse a Davide: "Farò per te tutto quello che vuoi". E quando furono costretti a separarsi, "i due amici si abbracciarono e piansero insieme" e si dissero: "Che il Signore sia tra me e te, e tra la mia discendenza e la tua discendenza per sempre". Quando Gionata morì, Davide pianse, dicendo: "Sono addolorato per te, Gionata, fratello mio". Egli prese il figlio di Gionata in casa sua; "Mefibosheth mangiava alla tavola di Davide come uno dei figli del re." Questi esempi di comunione fraterna ci aiutano a capire che l'Antico Testamento insegna chiaramente la fraternità. Abramo si accorda con suo fratello Lot (Gen 13,8); Giacobbe si riconcilia con Esaù (Gen 33,4); Giuseppe perdona i suoi fratelli (Gen 45,1-8).

2.1.3. La vita fraterna tra fratelli, amici e vicini

Nel Levitico leggiamo: "Amerai il tuo prossimo come te stesso"; ma chi è il prossimo in relazione al fratello? La parola vicino, *plesìon* in greco, *rea'* in ebraico, non deve essere confusa con la parola fratello. Etimologicamente, esprime l'idea di associarsi a qualcuno, di entrare in compagnia. A differenza del fratello a cui si è legati da un rapporto naturale, il vicino non appartiene alla casa paterna. Se mio fratello è un altro me, il mio vicino è diverso da me, è un estraneo che può rimanere un estraneo per me o può diventare un fratello. Un legame tra noi due può rimanere temporaneo (Lev19:13,16,18) o può essere personale, duraturo e profondo (Dt 13:7). La legge dell'Antica Alleanza insiste sull'amore per il prossimo (Es 20,16ss; Lev 19,16ss): L'amore dei fratelli ebrei è evidente, mentre gli stranieri che vivono in Israele sono assimilati ai fratelli e quindi degni di amore (Lev17:8, 10, 13; 19:34). Non appena due persone si incontrano, sono l'una accanto all'altra indipendentemente dalla loro relazione o da quello che pensano l'una dell'altra. Questo amore per il prossimo scaturisce dall'amore per Dio: "Amerai il Signore tuo Dio con tutto il tuo cuore, con tutta la tua anima e con tutte le tue forze. Amerai il tuo prossimo come te stesso". Chi è debole, cieco, sordo, deve essere trattato particolarmente bene: "Non opprimere il tuo prossimo, non maledire un sordo, non mettere davanti a un cieco qualcosa che possa farlo cadere; perché avrai il timore del tuo Dio. Non odierai tuo fratello nel tuo cuore." Da ciò deriva la sacralità del dovere di ospitalità, che fa del pane di ciascuno il pane inviato da Dio per gli altri" (Gen 18,5). Soprattutto dopo l'esilio, si sottolinea la necessità di condividere il proprio pane con gli affamati (cfr. Prov 22,9; Ez 18,7, 16; Giobbe 31,17; Isa 58,7; Giobbe 4,16). In questo contesto, l'Antico Testamento parla del valore di un amico fedele rispetto a un fratello. In effetti, la paternità universale di Dio implica una fraternità universale che va oltre anche Israele: "Non abbiamo forse tutti un solo padre? Non è forse un solo Dio che ci ha creato" Anche coloro che non si sentono conosciuti da Israele hanno Dio come padre: "Eppure tu sei nostro padre, perché Abramo non ci conosce e Israele non sa chi siamo". Questo dimostra che siamo tutti fratelli e che siamo chiamati a vivere l'amicizia con tutti, amico o fratello, ricco o povero, felice o infelice: "La ricchezza porta molti amici, ma il povero è separato dal suo amico. Tutti sono amici di colui che fa i regali. Tutti i fratelli del povero lo odiano".

Questa è l'esperienza di Giobbe: "I miei amici si sono allontanati da me. Sono abbandonato dai miei parenti, sono dimenticato dai miei amici." Coloro che si avvicinano quando tutto va bene e se ne vanno nei momenti di difficoltà non sono veri amici, perché "un amico ama in ogni momento, e nei momenti di difficoltà si mostra come un fratello", nel qual caso "un amico vicino è meglio di un fratello lontano". Un tale amico è indispensabile nella vita: "Un amico fedele è una protezione potente; chi lo trova ha trovato un tesoro". Con un tale amico, si evitano le liti non prendendo sul serio ciò che dicono i falsi testimoni, perché "il falso testimone che dice bugie suscita liti tra fratelli". Così facendo, si sperimentano le parole del salmista: "Oh, quanto è piacevole, quanto è dolce per i fratelli abitare insieme!"

2.2. *La fraternità nel Nuovo Testamento*

Nel Nuovo Testamento, non incontriamo mai la parola fraternità. Tuttavia, la fraternità significa la relazione tra fratelli, figli dello stesso Padre. La paternità e la filiazione divina sono temi ben trattati nel Nuovo Testamento. È attraverso questi due temi che il Nuovo Testamento tratta implicitamente della fraternità. Gesù chiama Dio mio Padre nei cieli, mio Padre celeste o mio Padre. Quando parla di Dio ai suoi discepoli, Gesù usa gli stessi nomi e cambia solo il pronome personale: Padre nostro che è nei cieli, Padre vostro celeste, Padre vostro. Questo dimostra che Dio, il Padre in cielo, è il Padre di Gesù e dei suoi discepoli. "Colui che santifica e coloro che sono santificati sono tutti da uno. Perciò non si vergogna di chiamarli fratelli, quando dice: 'Proclamerò il tuo nome ai miei fratelli'". Quando apparve a Maria Maddalena dopo la risurrezione, Gesù le disse: "Vai dai miei fratelli e dì loro che io salgo al Padre mio e Padre vostro, al Dio mio e Dio vostro." Dio Padre conferma che Gesù è il suo Figlio che ha generato (Eb 5,5), il suo Figlio prediletto nel quale ha posto tutto il suo affetto (Mt 3,17) e al quale ci comanda di dare ascolto (Mc 9,7). Gesù, Figlio del Padre e nostro grande fratello, è superiore agli angeli, poiché Dio non ha detto a nessuno degli angeli: "Tu sei mio figlio, io ti ho generato... Io sarò per lui un padre ed egli sarà per me un figlio".

Prima della sua nascita l'Angelo Gabriele aveva detto a Maria, sua madre, che sarebbe stato chiamato Figlio dell'Altissimo, Figlio di Dio (Lc 1, 32, 35). Gesù rivela di essere il Figlio di Dio: Al sommo sacerdote che gli dice: "Ti scongiuro, per il Dio vivente, di dirci se tu sei il Cristo, il Figlio di Dio" Gesù risponde affermativamente. Nel Nuovo Testamento nessuna delle Persone divine testimonia a se stessa: il Padre testimonia al Figlio (Mt 3,17; 17,5), il Figlio al Padre (Gv 4,34; 5,30; 6,38), lo Spirito al Padre e al Figlio (Gv 14,26; 15,26). Il popolo che assistette alla sua morte in croce lo ricordò e disse: "Ha confidato in Dio; che Dio ora lo liberi, se lo ama". Perché disse: "Io sono il Figlio di Dio". Quando videro come morì, dissero: "Certamente quest'uomo era il Figlio di Dio".

2.2.1. I fratelli nel Nuovo Testamento

Gesù chiarisce la sua vera parentela dicendo che i suoi fratelli sono tutti coloro che fanno la volontà di Dio (Mc 3,31-35); "coloro che ascoltano la parola di Dio e la mettono in pratica". Dicendo questo, Gesù non rinnega i suoi fratelli secondo la carne; ma rivela l'esistenza di un'altra fraternità che non si limita al legame di sangue. I suoi fratelli sono dunque tutti coloro che lo hanno accolto, coloro che credono nel suo nome, coloro ai quali egli ha dato il potere di diventare figli di Dio (Gv 1,12). Sono guidati dallo Spirito di Dio (Rm 8,14) e sono eredi di Dio, coeredi con Cristo (Rm 8,17); sono tutti figli di Dio attraverso la fede in Gesù Cristo (Gal 3,26). Non sono più estranei e stranieri, ma concittadini dei santi, membri della casa di Dio. (Ef2, 19); sono di Cristo e Cristo è di Dio (1Co3, 23). Essendo figli di Dio, rifiutano di essere figli del diavolo (1Gv3, 10) perché amano Dio e praticano i suoi comandamenti (1Jn5, 3). Sono coloro che Dio ha predestinato ad essere come l'immagine di Suo Figlio, affinché Suo Figlio fosse il primogenito tra molti fratelli (Rm 8,29). Nel Nuovo Testamento, questi figli di Dio, fratelli di Gesù Cristo, sono chiamati fratelli. Infatti, "fu ad Antiochia che i discepoli furono chiamati per la prima volta cristiani"; questa parola cristiana si trova solo due volte in tutto il Nuovo Testamento, mentre la parola fratello/i appare più volte (102 volte al singolare e 228 volte al plurale).

Da questa analisi, vediamo che nel Nuovo Testamento, i fratelli designano i cristiani, discepoli di Cristo (Gv 20,17) che fanno la volontà del Padre suo (Mt 12,50). La parentela spirituale ha la precedenza sulla parentela di sangue. Dall'inizio degli Atti degli Apostoli, i cristiani si chiamano l'un l'altro fratello (Atti 1:15). Il termine fratello continua ad essere applicato nel Nuovo Testamento ai membri della comunità ebraica (Atti 2:29; 3:22, 7:2, ecc.); ma presto designa essenzialmente i membri della comunità cristiana. Così, la fraternità o le relazioni tra fratelli e sorelle diventarono un tema importante per la prima comunità cristiana. Questo spiega perché "il termine fratello appare fino a 130 volte negli scritti di San Paolo". In Gesù Cristo, non ci sono più Giudei e Greci... (Gal 3,28-29; Col 3,11); lo schiavo diventa un fratello amato (Phm 16); ogni cristiano diventa una sorella (Rom 16:1; 1Tim 5:2). La paternità di Dio e la filiazione adottiva in Cristo rendono tutti gli uomini e le donne fratelli e sorelle (Mt 23, 8-12). Si sa che la fraternità è principalmente un fenomeno di consanguineità; ma anche il correligionario ebreo e il discepolo di Cristo sono chiamati "fratello". La nuova fraternità cristiana prende il posto della vecchia fraternità politico-religiosa degli ebrei. I battezzati sono diversi per origine e storia, ma in Cristo diventano tutti figli dello stesso Padre (1 Cor 12,13). "La fraternità spirituale, che è di ordine superiore, prende qui il posto della consanguineità" e della fraternità basata su convinzioni politiche o religiose.

2.2.2. La vita fraterna tra i cristiani

Nessuno nasce cristiano, ma tutti possono diventare cristiani; solo quelli che diventano cristiani possono essere chiamati fratelli o sorelle, e le relazioni cambiano: "Il padrone cristiano deve riconoscere il suo fratello nello schiavo cristiano (Filemone 16) e gli schiavi cristiani sono esortati a non disprezzare i loro padroni cristiani perché sono fratelli (1Tim 6,2)". La fede in Cristo permette ai cristiani di trascendere le frontiere e assicura la loro comunione in Cristo. Ecco cosa dice Ratzinger: "L'unione con Cristo implica l'unione dei cristiani tra loro, e quindi l'eliminazione delle frontiere naturali e storiche che li separano (2 Cor 5,16-17; Ef 2,12-17; Atti 10,9-16)." San Paolo sa che non tutti gli uomini sono ancora fratelli in Cristo. "La fraternità secondo San Paolo non è ancora universale, ma deve e diventerà tale (...) Tutti gli uomini non sono ancora fratelli in Cristo, ma possono e devono diventarlo." Prima della resurrezione, alcuni discorsi di Gesù vanno in questa direzione; potremmo quindi chiederci perché Gesù dice che è stato mandato solo alle pecore perdute della casa d'Israele (Mt 15,24) e che non bisogna prendere il pane dei bambini per gettarlo ai cani (Mc 7,27). Ai dodici che manda in missione dice chiaramente: "Non andate dai pagani e non entrate nelle città dei Samaritani, ma andate alle pecore perdute della casa d'Israele" (Mt 10,5-6). La risposta a questa domanda ci viene data da Paolo e Barnaba quando si rivolgono agli ebrei in questi termini: "La parola di Dio doveva essere detta prima a voi; ma poiché la rifiutate e vi giudicate indegni della vita eterna, ci rivolgiamo ai gentili." Gesù non vuole impedire ai suoi discepoli di predicare ai gentili, ma dice loro di cominciare dai giudei andando da tutti: "Andate e fate discepoli tutti i popoli". Non ha forse detto ai suoi discepoli: "Mi sarete testimoni a

Gerusalemme, in tutta la Giudea e Samaria e fino ai confini della terra"? Se Gesù non voleva discepoli tra i gentili, come poteva ammirare gli stranieri che credevano in lui? È il caso del centurione (Mt 8,10s), del lebbroso di Samaria (Lc 17,17s) e della Cananea (Mt 15, 22).

Nel suo realismo, Gesù sa che la missione richiede comunione, e la comunione non è qualcosa che si acquisisce una volta per tutte. Sì, siamo fratelli per sempre, ma non tutti i fratelli sono sempre in comunione. Iniziando a vivere la comunione fraterna tra i fratelli ebrei, sarebbe stato più facile viverla con tutti. Non per niente i primi chiamati a formare il gruppo dei dodici erano fratelli di sangue; nei momenti particolari della sua vita e della sua missione, Gesù preferì stare con Pietro e i due fratelli Giacomo e Giovanni. Vediamo che i quattro erano spesso soli con Gesù e lo interrogavano: "Pietro, Giacomo, Giovanni e Andrea gli fecero in particolare questa domanda: Dicci, quando avverrà questo? Da ciò nacque un po' di malcontento tra i dodici: "I dieci, quando sentirono questo, si indignarono contro i due fratelli". Per questo Gesù ci insegna a perdonare sempre le offese (Mt 6,12; Mt 18,15.21); a togliere la pagliuzza che è nel nostro occhio prima di voler togliere la trave che è nell'occhio del nostro fratello (Lc 6,42). Questo esercizio ci permette di crescere nell'amore fraterno. L'amore fraterno si esercita soprattutto all'interno di una comunità di credenti. San Pietro lo conferma quando dice: "Per avere un sincero amore fraterno, amatevi gli uni gli altri ardentemente con tutto il vostro cuore" (1 Pt 1,22). Tale amore si esercita attraverso l'umile servizio agli altri; questo è il consiglio dato da San Paolo: "Siate servitori gli uni degli altri nell'amore; portate i pesi gli uni degli altri" (Gal 5,14; 6,2).

San Paolo riconosce quanto sia difficile amare in questo modo e si rende conto che ci possono essere delle difficoltà: "Se vi mordete e vi divorate l'un l'altro, state attenti a non essere distrutti gli uni dagli altri" (Gal 5,15). L'amore fraterno implica la disponibilità a sopportarsi l'un l'altro e a correggersi a vicenda con dolcezza. Infatti, "noi che siamo forti dobbiamo sopportare le debolezze di coloro che non lo sono" (Rm 15,1) e se un uomo è colto in qualche errore, gli spirituali devono correggerlo con spirito di dolcezza. (Gal 5,1), prendendo a cuore di accettarsi e perdonarsi l'un l'altro come Cristo ha fatto per loro. (Rm15, 7), (2 Cor 8 - 9) Infatti, "Dio ama chi dona con gioia" (2 Cor 8,7; 1 Gv 3) San Giovanni non ha paura di dire che l'amore di Dio non può rimanere in una persona che rifiuta di aiutare il fratello: "Se uno ha i beni del mondo e vede il suo fratello nel bisogno e gli chiude il suo cuore, come può rimanere in lui l'amore di Dio?" Dobbiamo amarci l'un l'altro e non essere come Caino, perché "chiunque odia il proprio fratello è un assassino". Così facendo, rifiutiamo di amare solo a parole e con la lingua, per amare in opere e con verità (1Gv 3,18).

2.3. *La fraternità secondo i Padri della Chiesa*

La riflessione sul tema della fraternità nei Padri della Chiesa richiede prima di tutto una risposta alla domanda: Chi sono i Padri della Chiesa? Sono autori dell'antichità, generalmente vescovi, le cui vite e opere hanno contribuito a illustrare e difendere la dottrina cristiana. Hanno il merito di aver portato alla luce l'insegnamento della fede, basato sulla Sacra Scrittura e nel loro ambiente culturale, e di averlo vissuto in modo esemplare, godendo così dell'approvazione della Chiesa. L'ortodossia dell'insegnamento, la santità della vita, l'antichità (prima dell'VIII secolo) e l'approvazione della Chiesa fanno di questi autori i più grandi teologi della Chiesa primitiva. Sono "i teologi dell'antichità" che, per la forza della loro fede e la fecondità della loro dottrina, sono diventati un "dono per tutta la Chiesa". Questo titolo di Padre della Chiesa è associato al concetto di Tradizione, che non è altro che "ciò che è stato creduto ovunque, sempre e da tutti". Poiché cercarono di presentare la fede cristiana nei termini della filosofia del mondo greco-romano, i Padri della Chiesa fecero conoscere il cristianesimo, che fino ad allora poteva essere espresso solo da immagini prese dalla Bibbia e da concetti presi in prestito dal giudaismo.

Lo studio dei Padri è molto importante poiché "senza una certa conoscenza della letteratura patristica sarebbe molto difficile, se non impossibile, entrare in contatto con alcune delle opere teologiche più profonde e sottili del XX secolo." I Padri della Chiesa possono essere classificati secondo il loro periodo, la natura dei loro scritti, lo stile del loro pensiero, la loro lingua, il loro ambiente di vita, ecc. Questa riflessione non vuole essere patristica o patrologica; mira semplicemente a comprendere il pensiero dei Padri sul tema della comunione e della fraternità. Dato che a partire dal IV secolo il titolo di "padre" cominciò ad essere usato al plurale per designare i partecipanti ai primi concili, ci si può chiedere se sarà possibile parlare di tutti loro. Una selezione è necessaria: parleremo di alcuni padri apostolici, apologeti, i cappadoci e alcuni dell'epoca d'oro della patristica che erano più interessati alla comunione e alla fraternità.

2.3.1. I Padri Apostolici

2.3.1.1. *L'autore della* Didachè

La *Didachè* (insegnamento o dottrina dei dodici apostoli) "è una raccolta di legislazione paleocristiana sulla liturgia, il comportamento morale e la disciplina ecclesiastica, diffusa nella diaspora ebraica cristianizzata." L'autore presenta le due vie: la via della vita e la via della morte. Il modo di vivere consiste in questo: "Primo, amerai Dio che ti ha creato; secondo, amerai il tuo prossimo come te stesso; e quello che non vuoi sia fatto a te, non lo farai agli altri". Questo amore deve essere espresso concretamente attraverso l'elemosina da dare o da ricevere. "Guai a chi riceve! Se non è nel bisogno, (...) darà conto del motivo e dello scopo per cui ha preso." A colui che vuole fare l'elemosina, viene dato questo consiglio: "Lascia che la tua elemosina si bagni di sudore nelle tue mani, finché non sai a chi stai dando". Chi segue questa via non deve odiare nessuno; ma deve rimproverare alcuni, pregare per loro, e amare gli altri più della propria vita; non è violento, né geloso, né litigioso; ma mette pace tra coloro che litigano. In ogni momento segue scrupolosamente questo consiglio: "Non tendere le mani quando ricevi, e chiudile quando dai (...) Non respingere il bisognoso, ma metti tutto in comune con il tuo fratello. Infatti, se condividiamo i beni imperituri del cielo con i poveri, perché non dovremmo condividere i beni deperibili?". D'altra parte, la via della morte è quella di coloro "che non hanno pietà del povero e non si addolorano per l'afflitto, che disprezzano il proprio Creatore, che si allontanano dal bisognoso e sopraffanno l'oppresso". Queste persone indulgono in tutti i tipi di peccati contro Dio e contro il loro prossimo, quindi devono essere guardati da loro, e "se un uomo offende il suo prossimo, che nessuno parli con lui, che non senta una parola da nessuno finché non abbia fatto penitenza". Insomma, nella *Didaché*, "il primo documento conosciuto della generazione postapostolica", non appaiono le parole "comunione" e "fraternità"; tuttavia, l'autore parla dell'amore concreto tra fratelli, figli dello stesso creatore.

2.3.1.2. San Clemente di Roma

San Clemente di Roma, nella sua lunga lettera ai Corinzi, suggerisce che i pastori legittimi siano ripristinati alle loro funzioni e chiama i ribelli ad obbedire. Infatti, c'erano gravi disordini interni alla comunità: i giovani della comunità si erano ribellati contro i presbiteri fino a deporli dai loro uffici. Papa Benedetto XVI descrive la situazione: "I sacerdoti delle comunità erano stati deposti da alcuni giovani contestatori". San Clemente elenca ciò che rende uniti i cristiani: "Perché c'è zizzania, ira, dissenso, scismi e guerra tra di voi? Non abbiamo forse lo stesso Dio, lo stesso Cristo, lo stesso Spirito di grazia versato su di noi, la stessa vocazione in Cristo? Perché strappiamo e dividiamo le membra di Cristo?" Fa notare ai Corinzi che la divisione è sempre stata una tentazione per loro e li invita: "Prendete l'epistola del beato apostolo Paolo". Ne approfitta per far capire loro che formano un solo corpo in Cristo: "Perché dobbiamo arrivare a questa follia di dimenticare che siamo membra gli uni degli altri; il corpo che formiamo in Cristo Gesù sia conservato nell'integrità; siamo gentili gli uni verso gli altri, seguendo l'esempio del nostro Creatore misericordioso e gentile." Secondo San Clemente, la gelosia e l'invidia sono alla radice della divisione e delle sue conseguenze. La carità, che unisce strettamente a Dio, soffre tutto, sopporta tutto e non suscita sedizione, mentre "la gelosia e la discordia hanno distrutto grandi città e distrutto nazioni potenti". La carità, che prende la forma dell'ospitalità, ha fatto miracoli: Abramo ha ricevuto la conferma della nascita di un figlio, Lot è stato salvato da Sodoma, Rahab, la cortigiana, è stata salvata dalla morte. Clemente loda l'esempio di re e governanti pagani che si diedero alla morte per salvare i cittadini a costo del loro sangue o si esiliarono dalle proprie città per porre fine alle sedizioni.

Usa l'esempio di donne come Giuditta ed Ester che, potenziate dalla grazia di Dio, hanno salvato il loro popolo dalla morte. Parla anche di cristiani che si sono messi volontariamente ai ferri per riscattare altri o si sono venduti in schiavitù per nutrire altri con il ricavato. Per quanto riguarda la gerarchia nella società e nella comunità cristiana, Clemente è convinto che "il grande non può essere senza il piccolo, né il piccolo senza il grande (...) la testa senza i piedi è nulla; allo stesso modo i piedi, nulla senza la testa". Per ottenere questo, ognuno deve subordinarsi al suo prossimo, mettendo il carisma che ha ricevuto al servizio di tutti. I forti si prendono cura dei deboli e i ricchi aiutano i poveri. "La Chiesa non è un luogo di confusione o di anarchia, dove ognuno può fare quello che vuole in qualsiasi momento: in questo organismo, con la sua struttura articolata, ognuno esercita il suo ministero secondo la vocazione ricevuta."

2.3.1.3. Sant'Ignazio di Antiochia

Sant'Ignazio di Antiochia insiste sulla comunione con il vescovo. Ai cristiani di Magnesia dice che ingannando il vescovo visibile, si cerca di ingannare il vescovo invisibile, il Padre di Gesù Cristo, il vescovo di tutti. (Secondo Sant'Ignazio, "i vescovi tengono il posto di Dio, i presbiteri il posto del Senato degli Apostoli. I presbiteri devono essere accordati al vescovo come le corde alla cetra. Perciò la comunità deve sottomettersi al vescovo come a Gesù Cristo e ai presbiteri come agli apostoli di Gesù Cristo". Egli consiglia di non imitare coloro che parlano sempre del vescovo, ma fanno tutto a parte di lui: "Siate soggetti al vescovo e gli uni agli altri" (Magnesia 13:2; Efesini 5:21). Riuniti nella stessa sottomissione, soggetti al vescovo e al presbiterio, siamo santificati insieme. Perciò è consigliabile camminare secondo il pensiero del vescovo, che dobbiamo considerare come il Signore stesso. Raccomanda di non fare nulla per la Chiesa senza il vescovo, di amare l'unione, di evitare le divisioni, di imitare sempre Gesù

Cristo, come imita anche suo Padre: "E le divisioni, fuggitele come radice di ogni male... che nessuno faccia nulla per la Chiesa senza il vescovo. (Cfr. Mag. 7:1; 8:1) Come dove c'è Cristo Gesù, lì c'è la Chiesa Cattolica, così dove c'è il vescovo, lì c'è la Chiesa; perciò "chi fa qualcosa all'insaputa del vescovo serve il diavolo". Al vescovo Policarpo scrive: "Preoccupati dell'unione" mentre si definisce "un uomo fatto per l'unione". È convinto che Dio non abita dove c'è divisione e rabbia; per questo definisce coloro che seminano divisione come cani rabbiosi che mordono in modo subdolo. Ai cristiani dà questo comando: "Guardatevi da questa gente.

Per Ignazio, il fondamento dell'unità si trova in Dio che è l'unità assoluta delle tre Persone. Questa stessa unità deve esistere tra i cristiani e i loro pastori ed è in questo senso che egli usa queste analogie per descrivere l'unità tra le due categorie: le corde e la cetra, la sinfonia o il concerto. "Nessun Padre della Chiesa ha espresso così intensamente come Ignazio il desiderio ardente di unione con Cristo e di vita in Lui... Ignazio è veramente il "dottore dell'unità"." Questa unità fondata in Dio si realizza in Cristo; è in Lui che i cristiani sono uniti. Il suo ardente desiderio di essere unito a Cristo lo portò a non sfuggire al martirio: "È bene per me morire per essere unito a Cristo, piuttosto che governare fino ai confini della terra. È lui che cerco, che è morto per me; è lui che desidero, che è risorto per noi. Ai cristiani di Smirne Ignazio dà questo consiglio: "Lavorate insieme gli uni per gli altri, lottate insieme, correte insieme, soffrite insieme" (6,1), mentre agli abitanti di Magnesia scrive: "Siate una sola mente" (7,1).

2.3.2. I Padri del secondo secolo

2.3.2.1. San Giustino

San Giustino, filosofo e martire, è il più importante dei Padri apologeti del secondo secolo. Dal greco, *apología* (difesa), la parola apologista si riferisce a quegli antichi scrittori cristiani che si proponevano di difendere la nuova religione contro le pesanti accuse dei pagani e degli ebrei e di diffondere la dottrina cristiana in termini adeguati alla cultura del loro tempo. Molti degli scritti di Giustino sono andati perduti, solo due Apologie e il Dialogo con Trifone l'Ebreo sono sopravvissuti. Giustino, "pur mantenendo anche dopo la sua conversione un'alta considerazione per la filosofia greca, affermò con forza e chiarezza di aver trovato nel cristianesimo l'unica filosofia sicura e redditizia". È in questo senso che ha affermato che tutto ciò che di bello viene espresso da qualcuno appartiene a noi cristiani. (2a Apologia 13, 4). San Giustino chiarisce che i cristiani sono fratelli e che hanno l'obbligo di aiutarsi a vicenda. "Colui che si è unito alla nostra fede e al nostro credo e ha ricevuto l'abluzione, lo portiamo nel luogo dove sono riuniti quelli che chiamiamo fratelli. In questo luogo, i cristiani pregano insieme e fanno comunione nello stesso corpo e sangue di Cristo. Dopo aver condiviso questi beni spirituali, condividono anche i loro beni materiali: "Dopo l'assemblea, parliamo gli uni con gli altri in ricordo di ciò che è successo lì. Se abbiamo cose buone, alleviamo i poveri e ci aiutiamo sempre a vicenda. Questa carità fraterna era ben organizzata: "Quelli che sono nell'abbondanza e desiderano dare, fanno la loro generosità, e ciò che viene raccolto viene dato a colui che presiede, ed egli assiste le vedove, gli orfani, i malati, i bisognosi, i prigionieri e i forestieri: in una parola, egli si occupa di alleviare tutti i bisogni".

Tutti i cristiani si aiutano a vicenda e si sentono fratelli perché sono convinti che una carità fraterna li unisce in Cristo, il Grande Fratello. Questo è ciò che attesta San Giustino: "Dalla venuta di Cristo, una carità fraterna ci unisce; preghiamo per i nostri nemici; quelli che ci perseguitano, cerchiamo di convincere." San Giustino mette in guardia i cristiani contro coloro "che all'esterno sono vestiti da pecora, ma all'interno sono lupi famelici (...) tutti coloro che sono cristiani solo di nome, e si comportano a dispetto degli insegnamenti di Cristo". Non esita a chiedere ai cristiani di castigare queste persone che, d'altra parte, si fanno conoscere con le loro opere private di amore per Dio e per il prossimo.

2.3.2.2. Sant'Ireneo di Lione

Sant'Ireneo è l'unico di tutti gli antichi scrittori ecclesiastici, che abbia composto un'opera dogmatica relativamente completa. La maggior parte delle opere dell'antichità cristiana sono nate dalle circostanze, secondo le necessità della polemica, in vista di un risultato parziale. Nel secondo secolo, i cristiani si confrontarono con una moltitudine di sette che pretendevano di insegnare la fede cristiana. Queste sette, chiamate gnostiche (dal greco *gnôsis*, che significa conoscenza) perché proclamano che la salvezza si ottiene attraverso la conoscenza e non attraverso la fede, hanno confuso molti cristiani. "Alla fine di questo secolo, Ireneo, il suo discepolo, diede delle prove contro le eresie. Nella presentazione della predicazione apostolica, Ireneo di Lione spiega al suo amico Marciano quale fede sia veramente conforme all'insegnamento di Cristo e degli apostoli. Dice che la Chiesa è una nella sua fede e nella sua organizzazione, a differenza degli gnostici che non hanno mai potuto presentare un corpo di dottrine uniformi e armoniose. Per questo motivo, Sant'Ireneo dà questo consiglio: "Tenetevi stretti al capo, dal quale tutto il corpo della Chiesa riceve coesione e crescita". Attraverso questo attaccamento, si realizza la comunione con Dio, che è un bisogno umano vitale. "Come Dio non ha bisogno di nulla, così l'uomo ha bisogno della comunione con Dio. Il Verbo di Dio, vero uomo e vero Dio, realizza perfettamente questa comunione tra Dio e l'uomo".

Infatti, "il Verbo di Dio abitò nell'uomo e si fece Figlio dell'uomo per permettere all'uomo di afferrare Dio e per permettere a Dio di abitare nell'uomo, secondo il beneplacito del Padre". Il Figlio di Dio si è fatto uomo tra gli uomini per distruggere la morte, per far nascere la vita e per realizzare una comunione tra Dio e gli uomini. Ricevendo il Figlio di Dio, l'uomo entra perfettamente in comunione con Dio. Questa comunione avviene nel Figlio, poiché l'uomo trova la sua comunione con Dio nella comunione di Dio e dell'uomo che è il Verbo incarnato. "Con il suo proprio sangue il Signore ci ha redenti, ha dato la sua anima per la nostra anima e la sua carne per la nostra carne, ha effuso lo Spirito del Padre per realizzare l'unione e la comunione di Dio e dell'uomo, facendo scendere Dio all'uomo attraverso lo Spirito e facendo salire l'uomo a Dio attraverso la sua incarnazione. Sant'Ireneo afferma con forza che la gloria di Dio è l'uomo vivente e che la vita dell'uomo è la contemplazione di Dio. (Cfr. Contro le eresie IV, 7). Poiché questa contemplazione si realizza nella Chiesa, consiglia di fuggire dagli eretici che lasciano la parola della Chiesa e si abbandonano a dottrine mutevoli e contraddittorie e di rifugiarsi nella Chiesa, il paradiso terrestre. Questa Chiesa professa la stessa fede ovunque e sempre, come se, sparsa per il mondo, abitasse una sola casa. Ha un solo cuore, una sola anima, una sola voce, una sola bocca. Come il sole è lo stesso per tutto l'universo, così l'unica Chiesa predica la stessa verità.

2.3.3. I Padri del terzo secolo
2.3.3.1. San Clemente di Alessandria

San Clemente di Alessandria definisce l'uomo come una creatura di Dio, un essere amabile in se stesso che Dio non può non amare. Dal grembo di suo padre, Dio ci manda il suo unico Figlio, fonte inesauribile di amore. Tutti coloro che credono in suo Figlio diventano fratelli in lui, membri della stessa famiglia che è la Chiesa. "Come una madre raccoglie i suoi figli intorno a sé, così noi ci riuniamo intorno alla Chiesa, che è nostra madre." Siamo quindi naturalmente disposti ad alleviare coloro che hanno bisogno delle nostre cure, soprattutto all'interno della Chiesa, come facciamo in famiglia. Il Padre comune di tutti ha una predilezione per coloro che sono rigenerati dallo Spirito Santo, "li adotta come suoi figli, li ama, li aiuta, combatte per loro, li difende e dà loro il dolce nome di figli. I cristiani, fratelli e sorelle e figli dello stesso Padre, devono amarsi l'un l'altro come Dio li ama". Questo è ciò che dice Papa Benedetto XVI nell'Udienza dedicata a San Clemente: "Siamo creati a immagine e somiglianza di Dio, ma questo è anche una sfida, un cammino; anzi, la meta della vita, la destinazione ultima, è proprio diventare come Dio. Diventiamo come Dio imitando Gesù, il nostro fratello maggiore: Egli fa il sacrificio della sua vita per ognuno di noi in particolare, un sacrificio che le anime combinate di tutti gli uomini non meriterebbero e non potrebbero pagare.

Gesù vuole che lo imitiamo e che siamo pronti a dare la vita per i nostri fratelli. Egli ci impone il dovere di amarci gli uni gli altri come fratelli e sorelle e di morire, se necessario, gli uni per gli altri. L'apostolo Giovanni ne dà un esempio e dice a un assassino: "Darò la mia vita per la tua, come Gesù ha dato la sua per tutti gli uomini". Non ha paura di dire: "Chi non ama suo fratello è un assassino". (1 Gv 3,15) Il suo giudizio è duro verso una tale persona; dice che è della razza di Caino, un discepolo del diavolo, un ramo secco, condannato, tagliato e gettato nel fuoco. Meditando un passo del Vangelo in cui Gesù dice apertamente che è molto difficile per i ricchi entrare nel regno di Dio (Mt 19,24-25), Clemente si chiede: "Come possiamo nutrire l'affamato, dissetare l'assetato, coprire l'ignudo, aprire la nostra casa al forestiero; come, dico, possiamo osservare tutti questi precetti, la cui non osservanza è minacciata dal fuoco dell'inferno, se noi stessi non abbiamo nulla? Non dobbiamo quindi buttare via la ricchezza che può essere utile al nostro prossimo; non è la nostra ricchezza che deve essere distrutta, ma i nostri vizi, che ci impediscono di condividerla con gli altri. Lasciare le nostre ricchezze ai poveri vuol dire accumulare un tesoro in cielo".

Al ricco, Clemente chiede: "Perché metti la tua gioia nelle pietre preziose, nei palazzi che il fuoco divora, che il tempo distrugge, che un terremoto scuote e rovescia, che l'ingiustizia dei tiranni ti toglie?". Lo invita a volgere lo sguardo verso i palazzi celesti dove vivrà eternamente con coloro che condividono i beni del cielo quaggiù, e a condividere con loro anche i beni materiali. Non abbiamo nemmeno bisogno di sapere chi è degno di questo tra i nostri fratelli e sorelle, perché anche uno solo di loro che viene trascurato per aiutare è degno del fuoco dell'inferno. Dobbiamo quindi aprire i nostri cuori ai nostri fratelli che sono tra i discepoli del Signore, perché la carità non cerca i propri interessi, ma si riversa sui nostri fratelli e arde per loro con un amore ardente che sembra arrivare fino alla follia. Tale carità copre la moltitudine dei peccati e rende possibile la conoscenza di Cristo. Infatti, la conoscenza di Cristo non è solo un pensiero, ma un amore che apre gli occhi, trasforma l'uomo e crea la comunione con il Logos. In questa comunione, il perfetto cristiano raggiunge l'unione con Dio.

2.3.3.2. San Cipriano di Cartagine

San Cipriano di Cartagine insiste sull'unità della Chiesa, che deve essere manifestata prima tra i pastori, i vescovi e tutti i chierici, e poi tra loro e tutto il popolo di Dio. "L'unità della Chiesa è una preoccupazione per il vescovo di Cartagine, in un'Africa che è costantemente afflitta da divisioni. Dice apertamente ai vescovi: "Dobbiamo tenerci stretti a questa unità, dobbiamo difenderla, noi vescovi specialmente, che occupiamo il primo posto nella Chiesa, affinché il corpo episcopale sia uno e indivisibile". Dato che in questo periodo le eresie stavano lacerando la Chiesa, Cipriano avverte i vescovi di vivere la fraternità come solidarietà tra fratelli: "Che nessuno alteri, con la menzogna, la fraternità che ci unisce. L'episcopato è uno; ognuno di noi possiede questa dignità in solidarietà con i suoi fratelli. Cipriano aveva notato che alcuni chierici potevano allontanarsi dal loro servizio divino ed essere coinvolti in affari mondani, il che alterava l'unità. Egli dice: "Si desidera che coloro che l'ordinazione ha elevato al rango di chierici nella Chiesa di Dio non siano distolti in alcun modo dal servizio divino, né che siano in pericolo di essere coinvolti nei problemi e negli affari del mondo". La Chiesa, "un popolo che deriva la sua unità dall'unità del Padre e del Figlio e dello Spirito Santo" (cf. De Grat. Dom. 23; LG 4) è indispensabile alla salvezza di tutti. Cipriano ripete costantemente: "Fuori dalla Chiesa non c'è salvezza" (Lettere 4,4 e 73,21), perché dice: "Separate un ramo dall'albero e appassirà; separate un ruscello dalla fonte e si seccherà. Ci ricorda costantemente che Cristo ci ha comandato di avere un solo cuore e una sola anima, di mantenere intatti e di non violare i legami di amore e di carità (Liber de Unitate Ecclesiae, XIV (PL 4,526B, 527A).

Questa carità mira all'unità con tutti: "unità tra pagani e cristiani, tra i fedeli e coloro che non hanno resistito alla persecuzione, tra i confessori che hanno conosciuto il martirio e coloro che hanno il compito di guidare la Chiesa. (Cfr. Sull'unità della Chiesa cattolica, 23). Tale convinzione incoraggia l'esercizio concreto della carità verso tutti. Infatti, Cipriano, preoccupato dell'unità del corpo ecclesiale e della riconciliazione di coloro che, sotto la pressione dei persecutori, avevano apostatato la loro fede (i lapsi, coloro che erano scivolati e inciampati nella fedeltà alle loro promesse battesimali), accettò, contro Novaziano e tanti altri, la loro reintegrazione nella comunione della Chiesa dopo un tempo di penitenza. Ci ricorda che "un cristiano non dice 'Padre mio' ma 'Padre nostro', anche nel segreto della sua stanza chiusa, perché sa che in ogni luogo, in ogni circostanza, è membro dello stesso corpo (...) così che colui che prega non prega solo per se stesso ma per tutto il popolo. Quindi non basta pregare per tutti, ma bisogna aiutare i poveri in modo concreto; ecco cosa dice a coloro che non pensano di offrire qualcosa per i poveri a Messa: "Tu vieni a Messa senza offrire nulla, tu rubi la parte del povero partecipando al sacrificio.

Nel suo libro sull'elemosina, Cipriano dà una motivazione spirituale per la carità: "Non diamo il primo posto ai nostri fratelli nella miseria, ma a Dio". Ricorda le parole di Dio: "Chi ha pietà del povero presta al Signore" (Pro 19,17). E poi "l'elemosina libera dalla morte e purifica da ogni peccato". Coloro che fanno l'elemosina saranno riempiti di vita. (Tb12, 9-10) È convinto che "nella nostra elemosina dobbiamo pensare a Cristo, perché, secondo la sua stessa espressione, è lui che riceve". Come "l'acqua spegne il fuoco più ardente, e l'elemosina espia i peccati" (Sir. 3, 28), bisogna essere indulgenti verso i poveri, non mandarli via a mani vuote, e soprattutto non lasciare che il proprio denaro arrugginisca senza profitto sotto una pietra (Sir 29, 8-10). "Se l'acqua battesimale spegne il fuoco dell'inferno, l'elemosina e le buone opere spengono nelle anime rigenerate la fiamma del peccato. Inoltre, "Chi chiude l'orecchio al grido del povero griderà lui stesso e non sarà esaudito" (Prov 21,13). Cipriano commenta questo versetto in questi termini: "Sarebbe una follia sperare nella misericordia divina se uno non è stato misericordioso con se stesso. Perché le nostre preghiere siano esaudite, dobbiamo essere disponibili alla preghiera dei poveri. Se qualcuno, dice, non si commuove per la presenza di suo fratello, si commuova almeno al pensiero di Gesù Cristo; se dimentica la povertà e la sofferenza del suo compagno di pellegrinaggio, si ricordi che il Signore è al posto di quel povero che lui disprezza. Così facendo, riproduciamo la giustizia di Dio Padre: Egli ha messo tutte le cose in comune per il nostro uso, e tutti gli uomini sono chiamati a godere ugualmente dei suoi benefici. Così il giorno splende, il sole brilla, la pioggia cade, il vento soffia ugualmente per tutti. Chi dorme si gode anche il sonno. La luminosità delle stelle e della luna è comune a tutti.

2.3.4. L'età d'oro patristica (325-451)

2.3.4.1. Sant'Ambrogio di Milano

Sant'Ambrogio di Milano era l'avvocato dei poveri, ai quali distribuiva i suoi beni contro i ricchi accaparratori. Ricorda il buon esempio di San Lorenzo che "distribuiva il denaro disponibile ai poveri e poi lo presentava alle autorità come il vero tesoro della Chiesa". Tale amore per i poveri viene dall'amore di Dio: "Prima si deve amare Dio, poi i genitori, poi i figli, poi i parenti". Sant'Ambrogio afferma che l'affamato deve essere nutrito: "Chi muore di fame, dagli da mangiare; se non lo fai, sei il suo assassino" Egli è convinto che i beni temporali che l'uomo ha ricevuto da Dio sono suoi per quanto riguarda la proprietà; quanto al loro uso, sono anche per altri che il suo superfluo può aiutare a vivere. "Se tu confessi di aver ricevuto da Dio ciò che possiedi, si deve forse accusare Dio di ingiustizia per aver distribuito i beni in modo ineguale? Chi è nell'abbondanza deve gestire la sua ricchezza condividendola con il suo vicino che è ridotto a mendicare". Non ha paura di dire al ricco: "Tu trattieni il pane dell'affamato, tu tieni sottochiave i vestiti dell'ignudo, tu tieni sotto chiave le scarpe dello scalzo che sta marcendo nella tua casa, tu tieni sotto terra il denaro dello squattrinato! Con un linguaggio simbolico, Ambrogio chiama Achab un uomo così ricco, mentre il povero ricorda Naboth, figura emblematica del povero umiliato ed eliminato.

2.3.4.2. Sant'Agostino

Sant'Agostino parte dal principio secondo il quale due amori hanno costruito due città: l'amore di se stessi fino a disprezzare Dio (il mondo, città malvagia costruita da Caino); l'amore di Dio fino a disprezzare se stessi (il cielo, la città di Dio che risale ad Abele). Così il cristiano è diviso tra Babilonia, che deve lasciare, e Gerusalemme, la meta del suo pellegrinaggio. Durante questo viaggio, il buono e il cattivo si sfregano, si scontrano e si fondono come il grano e la pula. (Serm. 125, 5). I cittadini della Città di Dio amministrano, come Giuseppe nella storia ebraica, i beni della città terrena senza avallarli, secondo questo consiglio: "Se non sei ancora capace di dare la tua vita per i tuoi fratelli, comincia col poterli aiutare dando loro i tuoi beni. Poiché non possiamo dare noi stessi o tutto a tutti nello stesso momento, dobbiamo cominciare a fare del bene soprattutto a coloro che ci sono vicini nel tempo e nello spazio. Coloro che sono naturalmente uniti a noi", dice Sant'Agostino, "sono in qualche modo nostri amici. Quelli che sono naturalmente uniti a noi", dice Sant'Agostino, "sono in un certo senso offerti a noi perché noi li aiutiamo di preferenza.

Sant'Agostino è convinto che non si deve dare niente a nessuno e in nessun modo: "Si deve dare solo ciò che non può essere dannoso né per se stessi né per gli altri". Spiegando le giuste ragioni per rifiutare di dare, a volte diamo qualcosa di molto più preferibile (un consiglio che ci fa capire il pericolo di dare la cosa chiesta) e così diamo sempre a chi chiede anche quando non possiamo dare ciò che ci viene chiesto. Non dobbiamo sempre aspettare che ci venga chiesto prima di dare. Infatti, "niente provoca l'amore più che essere il primo ad amare... Niente è più probabile che provochi l'amore che essere il primo ad amare qualcuno". L'amore per il prossimo si manifesta anche attraverso la correzione fraterna: "Quando siamo obbligati a rimproverare qualcuno, chiediamoci se non abbiamo lo stesso difetto, e pensiamo che, essendo uomini, potremmo averlo. Questo gli risparmia la vergogna di accusarlo pubblicamente, che lo spingerebbe a difendere il suo peccato; così "peggiorerai colui che volevi rendere migliore". C'è un'altra ragione, dice Sant'Agostino, per cui non è bene accusare pubblicamente una persona: "Quando un membro di una società religiosa viene accusato a torto o a ragione, i malvagi insistono, si agitano, intrigano, per far sembrare che tutti gli altri siano uguali."

Nonostante tutte queste precauzioni, può succedere che le cose vadano male; in questo caso, è necessario ricordare che "chi ama suo fratello sopporta tutto per salvaguardare l'unità". Poiché non abbiamo né le stesse funzioni né gli stessi doni, siamo chiamati a servire gli altri in umiltà. Sant'Agostino, che ha sperimentato questo, afferma: "Quello che sono per voi mi terrorizza, ma quello che sono con voi mi consola: perché per voi sono un vescovo, con voi sono un cristiano. Il primo titolo è quello di un ufficio ricevuto, il secondo, una grazia. (Serm.340, 1). Questo atteggiamento di umiltà nel servizio permette di salvaguardare l'unità e di amare il prossimo come Gesù ci ha amato (Gv 13,34). L'amore per il prossimo che arriva fino al dono di se stessi è una grazia di Dio e si può dare solo quello che si ha. Questa grazia è data a tutti, ma coloro che non hanno sperimentato l'amore di Dio e del prossimo non possono amare in questo modo. Sant'Agostino, raccontando la sua esperienza personale, dice: "Tu ci hai fatti per te, Signore, e il nostro cuore è inquieto finché non trova il suo riposo in te".

Questa comunione con Dio, unica fonte della vera felicità dell'uomo, è ciò che il nostro santo chiama riposo. Chi l'ha trovato, come lui, può dire: "Non sono in dubbio, ma sicuro, Signore, ti amo" (cfr. Conf. X, 6, 8). Ora chi ama fa la volontà dell'amato; se amiamo Dio dobbiamo fare la sua volontà. Gesù non ha detto: "Il mio cibo è fare la volontà di colui che mi ha mandato"? (Gv 4,34) Questa volontà è esplicita nei comandamenti, che si possono riassumere in una parola: amore (amore di Dio e del prossimo). Nella sua Regola, Sant'Agostino si esprime così: "Prima di tutto, cari fratelli, amate Dio, poi il vostro prossimo (...) siate di una sola mente e di un solo cuore, rivolti a Dio. Amiamo Dio per primo e amiamo il nostro prossimo per Dio, imitando Dio che è Amore. Se amiamo in questo modo, sfuggiamo alle insidie dell'amore carnale; questo è il senso del consiglio di sant'Agostino: "Vivete dunque tutti in unanimità e armonia, e onorate Dio gli uni negli altri, di cui siete diventati i templi (cfr 1 Cor 3,16). Ai suoi confratelli dà un consiglio: quelli che contano nel mondo non devono disprezzare i loro fratelli ma accettare volentieri di mettere tutto in comune con i loro fratelli. (Regola 7; 3) Sant'Agostino si è espresso chiaramente sull'amore di Dio e del prossimo, come è stato notato; per questo è chiamato "dottore della carità".

2.3.5. I Padri Cappadoci

2.3.5.1. San Basilio di Cesarea

San Basilio di Cesarea, conosciuto come Basilio il Grande, seguì Cristo per essere conforme solo a Lui, per vedere solo Lui, per ascoltare solo Lui e per obbedirgli in tutto. Ha abbandonato gli studi che amava tanto e non ha voluto conoscere altro che Cristo. Era convinto che ogni uomo era stato redento da Cristo e che quindi aveva una grande dignità: "O uomo, prendi coscienza della tua dignità quando vedi il prezzo che è stato pagato per te; considera questo prezzo che ti ha redento e riconosci la tua dignità". Nella sua lettera apostolica dedicata a San Basilio, Papa Giovanni Paolo II definisce così la relazione dell'uomo con Dio: "L'uomo non è privato di Dio, né è abbandonato alla disperazione della sua solitudine: egli è il riflesso e l'immagine di Dio. La gloria dell'uomo sta tutta in questa relazione con Dio; sarà quindi veramente se stesso solo se conosce e ama colui dal quale ha ricevuto l'intelligenza e la libertà. San Basilio cerca di descrivere questa relazione d'amore in questi termini: nella sua relazione personale con Dio, la comunione frequente è indispensabile. "Ricevere ogni giorno la comunione e partecipare al santo corpo e sangue di Cristo è buono e utile... Chi potrebbe dubitare che partecipare continuamente alla vita non sia vivere in pienezza? A tutti chiede un amore assoluto per Dio che si concretizza nell'amore per il prossimo. Insiste sulla pari dignità dei cristiani: "Non ci sono cristiani di seconda classe, poiché non ci sono battesimi diversi, e il dinamismo della vita cristiana è interamente contenuto nel patto battesimale. Quindi, chi vuole amare il suo prossimo secondo il comandamento di Dio "non deve possedere nulla più del suo prossimo". In tempi di carestia e siccità, esortava i ricchi con parole dure: "Non siamo più selvaggi degli animali...; intaschiamo il bene comune e possediamo solo ciò che appartiene a tutti".

Non tollerava che i ricchi si impadronissero dei beni comuni e pretendessero di esserne i padroni solo perché ne erano i primi occupanti. "Perché tu sei ricco e lui povero? Non sei un ladro? I beni che vi sono stati affidati da gestire, li avete monopolizzati". Propone di condividere ciò che si tiene, poiché non si ha il diritto di tenere inutilmente ciò di cui un fratello ha bisogno. "All'affamato appartiene il pane che conservi. All'uomo nudo, il mantello che tenete nel vostro petto. Ai piedi nudi, la scarpa che marcisce in casa tua. Ai miserabili, il denaro che tenete sepolto". Egli fa notare a colui che non vuole vestire coloro che hanno freddo in inverno: "I tuoi armadi pieni di vestiti e di tuniche potrebbero vestire un intero popolo tremante". Per quanto riguarda gli usurai, li chiama "creditori strangolatori che mettono la corda al collo del mutuatario".

2.3.5.2. San Gregorio di Nazianzo

San Gregorio di Nazianzo è un teologo e dottore della Chiesa. Riflettendo sulla missione che Dio gli aveva affidato, ha concluso: "Sono stato creato per elevarmi a Dio attraverso le mie azioni. Sentiva un profondo desiderio di avvicinarsi a Dio, di essere unito a lui. Gregorio chiama questo Dio Trino "triplice luce, che unisce in un solo splendore: un solo Dio, il Padre, dal quale procedono tutte le cose, un solo Signore, Gesù Cristo, attraverso il quale esistono tutte le cose, un solo Spirito Santo, nel quale sono tutte le cose". Dopo aver sperimentato l'amore di Dio, dichiara che niente è più grande di questo: "condurre una vita che trascende le cose visibili; essere veramente uno specchio immacolato di Dio e delle cose divine (...); aver già lasciato la terra pur essendo sulla terra, trasportato verso l'alto dallo spirito. Questa comunione profonda e permanente con Dio si alimenta nella preghiera. "Infatti, attraverso la preghiera, che è l'incontro della sete di Dio con la nostra sete, Dio, che ha sete di noi, ci unisce intimamente a Lui e agli altri". Quindi, chi prega deve cercare di essere come Cristo, che si è fatto come noi, prendendo su di sé il peggio, per darci il meglio. Contro coloro che dicevano che Cristo non ha assunto tutto quando si è fatto uomo, ha risposto: "Ciò che non è stato assunto non è stato guarito".

Cercò sempre di fare la pace nella Chiesa, che allora era lacerata dalla discordia e dall'eresia, e disse: "Abbiamo diviso Cristo, noi che abbiamo tanto amato Dio e Cristo! Abbiamo mentito gli uni agli altri per amore della verità; abbiamo nutrito sentimenti di odio per amore dell'Amore; ci siamo separati gli uni dagli altri!". Gregorio ci ricorda che, come persone umane, dobbiamo essere solidali gli uni con gli altri perché siamo tutti un solo corpo e il capo è Cristo. Come membri di un unico corpo, ognuno si prende cura dell'altro e tutti si prendono cura degli altri. Gregorio dà questo consiglio: "Se stai bene e sei ricco, allevia il bisogno dei malati e dei poveri; se non sei caduto, aiuta i caduti e i sofferenti; se sei gioioso, consola i tristi; se sei felice, aiuta gli infelici. Con il suo amico Basilio, Gregorio aveva sperimentato tale amore e disse: "Eravamo in competizione, non per essere primi ma per permettere all'altro di essere primo. Sembrava che avessimo una sola anima in due corpi". I due amici hanno capito che il cristiano deve imitare Dio aprendosi con tutto il suo essere a tutti i poveri e sfortunati, qualunque sia il nome delle loro sofferenze. San Gregorio diceva: "Fratelli miei, non siamo cattivi amministratori dei beni che ci sono stati affidati, non uccidiamoci per accumulare denaro quando i nostri fratelli muoiono di fame. Poiché tutti sono poveri perché tutti hanno fame di grazia divina e ogni ricchezza è un dono di Dio, colui che è sano e ricco deve avere pietà dei malati e dei poveri. Chi capisce questo medita sempre queste parole: "Come a Dio, a voi sono affidati i poveri. (Sal 10,14)

2.3.5.3. San Gregorio di Nissa

San Gregorio di Nissa, il mistico, vedeva nella creatura il riflesso del Creatore e vi trovava la via verso Dio: la creazione era per lui un tema centrale. "Gregorio di Nissa mostra una concezione molto alta della dignità dell'uomo. Il fine dell'uomo", ci dice questo santo vescovo, "è di rendersi simile a Dio. L'uomo è l'unica creatura che Dio ha fatto a sua immagine e somiglianza: "Non è il cielo che è stato fatto a immagine di Dio, non è la luna, non è il sole, non è lo splendore delle stelle, (...) Niente di tutto ciò che esiste è abbastanza grande per essere paragonato alla tua grandezza". San Gregorio nota che nel cuore dell'uomo si sono depositate delle impurità dalle quali è necessaria una vita continua di lavoro e di vigilanza per lavarle via affinché possa risplendere la bellezza divina. La piena realizzazione dell'uomo consiste nella santità, in una vita che, vissuta nell'incontro con Dio, sboccia in una vita spirituale, una vita di dialogo con Dio. "Non si tratta di sapere qualcosa di Dio, ma di avere Dio in noi. Avere Dio in noi non è solo il frutto del nostro lavoro, o il risultato di uno sforzo puramente umano; è soprattutto il frutto della munificenza di Dio che, fin dalla sua prima origine, ha conferito alla nostra natura la grazia della somiglianza con lui". Questo non esclude lo sforzo dell'uomo per corrispondere alla sua dignità; questo non esclude lo sforzo dell'uomo di vivere all'altezza della sua dignità; perciò un buon cristiano "deve sempre esaminare l'intimità dei suoi pensieri, parole e azioni, per vedere se sono diretti verso Cristo o se sono diretti lontano da lui". "

È dunque necessario pregare sempre, perché la preghiera ci mette in contatto con Dio e ci tiene lontani dal nemico: "Attraverso la preghiera riusciamo a stare con Dio, e chi sta con Dio è lontano dal nemico. La preghiera è il sostegno e la difesa della castità, il contenimento dell'ira, l'acquietamento e il controllo dell'orgoglio. Un cristiano è qualcuno che porta il nome di Cristo e quindi deve assimilarsi a lui anche nella sua vita. Noi cristiani assumiamo una grande responsabilità nel battesimo. Ora, "quando abbiamo Dio in noi, quando l'uomo ama Dio, per quella reciprocità che è propriamente la legge dell'amore vuole ciò che Dio stesso vuole". Ciò che Dio vuole ci è stato rivelato da Gesù Cristo: amore di Dio e del prossimo per amore di Dio. Il santo vescovo dà a tutti questo consiglio: "Non disprezzare quelli che giacciono a terra, come se fossero senza valore. Riflettete su ciò che sono e scoprirete la loro dignità: rappresentano la Persona del Salvatore.

Convinto che nessuno decide di morire di fame, ma che le circostanze della vita possono privare del pane coloro che ne hanno estremo bisogno, San Gregorio ordina: "Siate generosi con quei fratelli che sono vittime della sfortuna. Date agli affamati ciò di cui private la vostra pancia". Gregorio ci ricorda che tutti dipendiamo da Dio, il che lo fa esclamare: "Non pensate che tutto sia vostro! Ci deve essere ancora una parte per i poveri, gli amici di Dio. Perché la verità è che tutto viene da Dio, il Padre universale, e che siamo fratelli e apparteniamo alla stessa razza". Fa notare che anche i giovani non valgono niente se non pensano ai poveri e alla giustizia: "A che ti serve digiunare e astenersi, se poi non fai che mordere il tuo fratello con malizia? Che cosa guadagni, che cosa ottieni, non mangiando ciò che è tuo se poi agisci ingiustamente e strappi dalle mani del povero ciò che è suo?" Secondo Papa Benedetto XVI, la lezione più importante che ci lascia San Gregorio di Nissa è questa: la piena realizzazione dell'uomo consiste nella santità, in una vita che, vissuta nell'incontro con Dio, diventa una vita luminosa per gli altri e per il mondo.

2.3.5.4. San Giovanni Crisostomo

San Giovanni Crisostomo fu un asceta che visse un'intensa vita spirituale e cristiana, soprattutto durante la sua preparazione all'ordinazione sacerdotale (tra il 374 e il 386). Questo padre e dottore della Chiesa ricorda fin dall'inizio questa parola di Dio: "Come non abbiamo portato nulla in questo mondo, così non possiamo togliere nulla" (1 Tim 6,7). L'ha sperimentato prima di andare in esilio e ha lodato l'unità dei cristiani, che non può essere distrutta dalla distanza o dalla morte: "Il corpo non è separato dal capo, né il capo dal corpo. Se siamo separati dalla distanza, siamo uniti dalla carità, e la morte stessa non può recidere questo legame". Mostra che i ricchi hanno bisogno dei poveri e viceversa; propone di immaginare due città: una di soli ricchi e una di soli poveri. "Nella città dei ricchi non ci sono artigiani, né architetti, né fabbri, né calzolai, né panettieri, né aratori, né calderai, né sarti, né operai di nessun tipo... Come può dunque sopravvivere questa vecchia casa?" È così che è riuscito a convincere i ricchi a prendere in considerazione la dignità di ogni persona. Quanto ai cristiani che dimenticano che Gesù si nasconde nei poveri, dice: "Certo, se lo aveste visto in passato, vi sareste tutti spogliati dei vostri beni per lui. Ma oggi è lo stesso. Perché allora non ti spogli di tutto?". Insiste sull'unità tra i cristiani che si realizza nella comunione eucaristica: è lo stesso Cristo che vive in noi dopo la comunione che deve essere aiutato: "Non gli è bastato farsi uomo, essere flagellato e sacrificato; viene ad essere una sola massa con noi, e questo, non per sola fede, ma in tutta realtà, ci fa il suo corpo". Come le membra del nostro corpo umano sono unite, così le membra del corpo di Cristo devono essere unite: "la testa sente la spina che ferisce il piede; quando il virus attacca un solo punto, tutto il corpo è contaminato". A coloro che non vogliono dare nulla ai poveri dice: "Per voi il

Padre non ha risparmiato il suo Figlio, il suo Figlio legittimo, e voi non date nemmeno un tozzo di pane a colui che è stato sacrificato e consegnato per voi". Ai predicatori, raccomanda la lotta contro la miseria che affligge i catechizzati: "Sarebbe ipocrisia parlare del pane del cielo a chi manca il pane di ogni giorno, e ancora più miope non lottare contro tutte le forme di miseria".

Commentando la prima lettera di San Paolo ai Tessalonicesi, egli afferma severamente: "Chi ha la possibilità di fare l'elemosina e non la fa è un assassino dei suoi fratelli, come Caino". San Crisostomo spiega il significato del bacio della pace durante la messa: "Il bacio cristiano, simboleggia la carità fraterna, l'unione delle anime necessaria per coloro che vogliono partecipare al sacrificio dell'unità." Papa Benedetto XVI afferma che Giovanni Crisostomo è uno dei Padri più importanti della dottrina sociale della Chiesa: "Il principio della nostra vita sociale è: non essere interessati solo a noi stessi".

3. La fraternità prima del Concilio Ecumenico Vaticano II

Dalla fine del terzo secolo, la parola "fraternità" continua ad essere usata frequentemente nel linguaggio teologico. Infatti, i teologi continuano a spiegare la fede cristiana secondo il consiglio di San Pietro: "Santificate Cristo Signore nei vostri cuori, essendo sempre pronti a difendervi con dolcezza e rispetto davanti a chiunque vi domandi ragione della speranza che è in voi" (1Pt 3, 15) La ragione di questo sforzo teologico era che gli eretici stavano ancora diffondendo i loro errori, quindi, era necessario difendere la vera fede. Poiché la fraternità non è mai stata messa in discussione, i teologi non hanno avuto la provocazione di difenderla. Alla fine del primo millennio, la Chiesa stava vivendo un periodo particolarmente difficile caratterizzato dall'interferenza del potere civile negli affari della Chiesa, che di conseguenza favorì il diffuso sviluppo della simonia e del nicolaismo. "Il potere civile interviene senza scrupoli nella nomina non solo dei vescovi e dei preti, ma del papa stesso. In questa situazione, l'attenzione dei teologi si è concentrata sulla riforma della Chiesa. "La decadenza che segnò la Chiesa nel suo insieme assunse proporzioni così gravi che la "riforma" divenne il grande pensiero dell'XI secolo. Due temi hanno occupato l'attenzione dei teologi: la decadenza e la riforma. "Decadenza e riforma coesistettero durante i secoli X e XI, secoli descritti come i secoli oscuri".

Come si può vedere, il tema della fraternità non è al centro dell'attenzione dei riformatori. Questo non impedisce ai teologi di affermare: "Il secolo XI rappresenta una svolta importante, forse la più importante nella storia dell'ecclesiologia". Questa fu la causa lontana della riforma protestante, alla quale il Concilio di Trento reagì energicamente. La situazione della Chiesa alla vigilia del Concilio di Trento è caratterizzata dalla distanza tra il popolo e il clero: il sacerdote è un mediatore tra Dio e il popolo, insegna attraverso la predicazione e intercede attraverso la supplica. La funzione di intercessione sembra avere la precedenza sulla funzione pastorale. Lutero approfittò di questa situazione per innescare la riforma protestante. Il Concilio di Trento, convocato in risposta alle richieste di Martin Lutero nel contesto della Riforma protestante, voleva anche reagire contro gli abusi del clero che erano all'origine di molte sofferenze nella Chiesa. "Si può dire che il Concilio di Trento (1545-1563) si riunì per rispondere a una doppia necessità: promulgare un insegnamento dogmatico contro certe tesi protestanti ed eliminare gli abusi del clero." Anche qui, il tema della fraternità non è presente. Nel frattempo, negli anni 1920-1950, ci fu un'enfasi ecclesiologica incentrata sulla nozione di corpo mistico di Cristo, che trovò una sorta di coronamento e consacrazione nell'enciclica di Pio XII *Mystici corporis* (29 giugno 1943). Questa enciclica difendeva il carattere "umano-divino" della Chiesa contro la tendenza al misticismo ecclesiologico. Come reazione a questo misticismo, alcuni teologi sono passati da un estremo all'altro parlando della Chiesa come una società: "La comprensione della Chiesa in termini sociali risale al Medioevo, ma soprattutto all'epoca post-tridentina. La nozione di Chiesa come società fu sistematizzata dai canonisti del XVI secolo. In tutto questo, la fraternità è sempre un tema quasi assente".

Questa situazione rimase tale fino al XIX secolo, anche se alcuni pensatori ne parlarono anche al di fuori della Chiesa. "Durante tutto il Medioevo e con poche eccezioni, la fraternità rimase confinata all'interno della Chiesa come una società di chierici, e specialmente di monaci". Non è stato fino a Bossuet che ci è stato ricordato che tutti gli uomini sono fratelli, poiché hanno Dio come Padre comune. La parola "fraternità" è apparsa per la prima volta come un diritto come termine giuridico, *Jus fraternitatis* (del diritto di fraternità) da cui i politici capirono che ci sono nelle relazioni tra i membri della società ciò che rientra nel diritto di fraternità. Così, "teorici rivoluzionari, massoni, filosofi del XVIII secolo, politici come Léon Bourgeois, scrittori come Voltaire e Zola hanno fatto ampio uso di questo concetto di fraternità. Lo dimostra il fatto che i legislatori francesi del 1792 e i loro imitatori del 1848 optarono per il famoso motto: "Libertà! Uguaglianza! Fraternità!" Anche se durante la Rivoluzione francese il principio di fraternità fu rapidamente aggiunto al binomio di libertà e uguaglianza, il termine stesso non entrò mai nei testi ufficiali - fu solo con il motto della Seconda Repubblica nel 1848 che ciò avvenne. Tuttavia, era presente nei discorsi, sulle medaglie, sulle stampe e sui frontoni dei monumenti poco dopo l'inizio della Rivoluzione.

Marcel David, che traccia l'evoluzione del principio di fraternità dal 1789 alla fine della Rivoluzione, conferma l'osservazione generale che "la fraternità resterà a lungo una parola così vaga e indefinita che conoscerà molti recuperi ideologici. Il 10 dicembre 1948 a Parigi, l'Assemblea Generale delle Nazioni Unite ha firmato la Dichiarazione Universale dei Diritti Umani; la nozione di fraternità è citata nel primo articolo della Dichiarazione Universale dei Diritti Umani in questi termini: "Tutti gli esseri umani nascono liberi ed uguali in dignità e diritti. Sono dotati di ragione e di coscienza e devono agire gli uni verso gli altri in uno spirito di fraternità. Nelle riflessioni su questo tema durante questo periodo, i pensatori si resero conto che il principio di fraternità esprimeva più idee e sentimenti che pratiche e che era troppo strettamente legato al cristianesimo. Così, "i pensatori del XVIII secolo preferiscono parlare di benevolenza, filantropia, beneficenza, umanità, tolleranza". Fu solo nel XIX secolo che il tema della fraternità ritornò tra i grandi pensatori. Per quanto riguarda gli studi sul tema della fraternità prima del Concilio Vaticano II, si possono distinguere tre periodi: Si distinguono due precursori, degli anni 1825-1865; sono i teologi tedeschi J. A. Mohler e M. J. Scheeben. Poi, alla fine del XIX secolo e all'inizio del XX, l'attenzione dei ricercatori si è concentrata sul vocabolario della fraternità, con la riedizione dei grandi dizionari patristici e le intuizioni di diversi storici della Chiesa. È stato il Concilio Vaticano II ad aprire la strada ad una migliore comprensione della fraternità, correggendo, per così dire, gli errori di una comprensione riduttiva ereditata dall'Illuminismo.

4. La fraternità dopo il Concilio Ecumenico Vaticano II

4.1. *La fraternità nei documenti del Concilio Ecumenico Vaticano II*

Il Secondo Concilio Ecumenico della Chiesa Cattolica tenutosi in Vaticano fu il 21° del suo genere. Fu convocata e aperta da Papa Giovanni XXIII l'11 ottobre 1962 e chiusa sotto il pontificato di Paolo VI l'8 dicembre 1965. Il Vaticano II è stato "il più grande concilio nella storia della Chiesa (più di 2.500 padri conciliari contro i 258 del Concilio di Trento), e anche per l'ampiezza dei temi studiati". Per la prima volta nella storia, un consiglio con una dimensione globale ha riunito esperti da tutto il mondo per discutere il dialogo della Chiesa con il mondo. Così, per la prima volta, un consiglio si è occupato di temi così diversi e attuali. Il Concilio Vaticano II si tenne negli anni '60, un decennio particolarmente segnato da un eccezionale ottimismo culturale: nei paesi dell'Europa occidentale e del

Nord America il capitalismo gestito aveva prodotto una grande ricchezza. Allo stesso tempo, i popoli dell'Asia e dell'Africa, colonizzati dagli imperi europei, lottavano per l'indipendenza e desideravano ricostruire le loro società con giustizia; negli Stati Uniti, la lotta per i diritti civili dei neri e la campagna contro la guerra in Vietnam offrivano la prospettiva di una società più giusta e umana.

Il mondo aveva già vissuto le due più grandi guerre della storia umana, nel 1914 e nel 1939, che cambiarono completamente il panorama geopolitico. Come risultato del progresso dei mezzi di comunicazione, si era accentuata una coscienza globale; l'espansione missionaria lanciata nel XIX secolo aveva raggiunto la maturità con il clero indigeno ovunque. Si sentiva il bisogno di ecumenismo. La crescente responsabilità dei laici attraverso i movimenti di Azione Cattolica stava cambiando la relazione tra laici e sacerdoti. Per la prima volta, un consiglio ha osato affrontare problemi assolutamente inediti, come la spaventosa povertà di gran parte dell'umanità, la multiforme oppressione dei diritti umani, le minacce di annientamento dell'umanità con armi nucleari, la ricerca effettiva dell'unità dei cristiani, il dialogo con le altre religioni. È stato un grande concilio che ha lasciato il segno nella storia della Chiesa cattolica; il suo scopo principale era quello di aggiornare la Chiesa per permetterle di far fronte alla cultura contemporanea, fatta di un notevole progresso tecnologico, dell'emancipazione dei popoli e della crescente secolarizzazione. "Curiosamente, la parola "fraternità" non appare tra i molti nomi e immagini della Chiesa che sono citati nel capitolo della *Lumen gentium*, sebbene sia usata nei testi conciliari. Il vocabolario della fraternità utilizzato dai testi conciliari non sembra essere stato approfondito: I ventisei usi della parola *fraternitas* che vi troviamo richiedono un'attenzione speciale perché sono vari. Sotto questa unica parola *"fraternità (fraternitas)"*, è necessario distinguere tre diversi significati - anche se sono complementari - comunità di fratelli, legame fraterno e amore del fratello.

Nella Costituzione Pastorale sulla Chiesa nel mondo moderno (*Gaudium et Spes*), la parola "fraternità" è usata undici volte, mentre l'aggettivo derivato da questa parola (fraterno) ricorre nove volte. Gli altri documenti non usano questa parola o la usano molto raramente. Dei tre significati di "fraternità" che si trovano nei documenti del Concilio, quello di amore fraterno, di virtù: di carità fraterna è molto più frequente. "Si tratta allora di *philadephia*, che unisce i membri di *adelphethes*, ma si distingue da quest'ultimo, di cui è solo una conseguenza. Questo tipo di uso si trova soprattutto in relazione ai sacerdoti (PO8 e LG28) e ai religiosi (LG25) la cui missione e vocazione richiedono una carità fraterna particolarmente forte.

Il tema della fraternità è dunque profondamente presente nei documenti del Concilio Vaticano II. Essi concepiscono la "fraternità universale" come la meta essenziale del piano di Dio per tutti gli uomini. "La ricchezza più importante che propongono di riscoprire è quella del "Cristo-Fratello" in cui diventiamo figli adottivi del Padre e fratelli gli uni degli altri. La fraternità cristiana, quindi, non è rivolta verso l'interno. Poiché fa parte del piano del Padre e della missione di Cristo, è necessariamente aperta a tutti gli uomini che Dio ama e vuole salvare, e specialmente ai più poveri (AA8 e GS27). Per questo il Concilio parla della Chiesa come della famiglia di Dio, un popolo di fratelli e sorelle in Gesù Cristo con la missione di stabilire la comunione del genere umano. "Nei testi conciliari, il tema della Chiesa come "famiglia" è stato usato tredici volte, e spesso in prossimità di quello della Chiesa come "fraternità".

Secondo i testi del Concilio, Cristo - Fratello di tutti gli uomini - è il fondamento della Chiesa - Fraternità, strumento di salvezza. Questo progetto di vita, voluto dal Padre prima della creazione, si è realizzato attraverso l'incarnazione del Figlio di Dio, che si è fatto nostro fratello in umanità, e si compie con la divinizzazione dei cristiani attraverso i sacramenti, che permettono loro di partecipare alla vita divina di Cristo fratello e, attraverso di lui, alla comunione trinitaria. Per questo la fraternità, così come è sentita nella Tradizione, va ancora oltre, fino all'escatologia. Il Vaticano II parla della fraternità escatologica (GS 39) come meta della Chiesa, la famiglia di Dio sulla terra.

4.2. *La fraternità nei teologi, dopo il Concilio Ecumenico Vaticano II*

Dopo il Concilio Vaticano II, molti pensatori di diversa estrazione hanno scritto saggi sulla fraternità, che sono inviti ad un'ulteriore riflessione su quello che sembra essere un bisogno urgente per l'umanità di oggi. Infatti, in un mondo in cui si moltiplicano i conflitti gravi ed esacerbati, la gente aspira ad un futuro migliore, che non può essere raggiunto senza la fraternità. Questo ricorda l'osservazione di due papi sulla necessità della fraternità. Nel messaggio di Natale del 1942, nell'enciclica *Evangelii praecones* del 1951 e nel discorso del 1° maggio 1955, Papa Pio XII ha affermato che i sacerdoti e tutti i cristiani non possono rimanere sordi al grido del mondo per la giustizia e lo spirito di fraternità. Dopo di lui, Papa Paolo VI disse: "La malattia del mondo è l'assenza di fraternità", si chiese come "inventare una sensibilità collettiva, un pensiero comune, una prassi di fraternità universale vissuta". Come per rispondere a questa necessità, i filosofi hanno approfondito il problema mostrando che la fraternità non è mai acquisita definitivamente e che la lotta per raggiungerla presuppone una grande lucidità e uno sforzo permanente che una visione religiosa può utilmente incoraggiare. Gli stessi politici riconoscono che non si può costruire una società se non c'è la fraternità e che l'apertura all'altro rende possibile la costruzione di un mondo vitale. Gli psicologi, da parte loro, sottolineano chiaramente che nessuno può fiorire senza risolvere il conflitto fraterno che sorge all'alba di ogni vita umana.

Questo approfondimento del pensiero è stato accompagnato da una certa pratica della fraternità, come conferma il patrologo Jean-Paul Audet in questi termini: "Ovunque siano e ovunque vadano, i cristiani si riconoscono come membri della stessa fraternità, diffusa ovunque il messaggio evangelico sia stato ascoltato. Questa ricerca di fraternità non è mai cessata, anche se ci rendiamo conto che non ha subito la notevole evoluzione che ci avrebbe permesso di trarne le conseguenze necessarie e di viverle. Nonostante tutto, potremmo affermare che "l'attuale ricerca della fraternità è sincera, anche se confusa, dispersa, incompleta e spesso presa nelle trappole delle ideologie". Jean Rigal nota che, dopo Yves Congar, molti teologi hanno riflettuto sulle varie immagini e metafore applicate alla Chiesa, ognuna delle quali mostra a suo modo come i cristiani vivono in comunione con Dio e tra di loro. Tuttavia, egli sottolinea che "la Chiesa è ancora molto raramente presentata come 'fraternità'. Il più delle volte, sono solo le "relazioni fraterne" ad essere enfatizzate. È con Hans Von Balthasar che si comincia ad approfondire la dimensione teologica della "fraternità in Cristo". Partendo dai Padri della Chiesa, spiega cos'è questa fraternità, una vera "inclusione in Cristo". Le tre opere di Jean-Marie Tillard che trattano l'ecclesiologia di comunione suggeriscono anche il tema della fraternità in Cristo: dalla fraternità di Cristo nasce la Comunità dei Fratelli. J. Moltmann è certamente il teologo che, recentemente, ha meglio compreso ed espresso questo mistero della Chiesa - la Fraternità in Cristo. Si può dire che nel corso del XX secolo, e soprattutto negli ultimi anni, le loro meticolose analisi (dei padri) hanno mostrato la ricchezza e l'interesse dei testi chiave della Bibbia in cui si radica la teologia di Cristo Fratello e della Chiesa-Fraternità. Moltmann ritorna a questa realtà della Chiesa-Fraternità che era molto cara ai padri della Chiesa. Insiste sulla fraternità con il Figlio in questi termini: "Attraverso la fraternità con il Figlio, i figli di Dio entrano nelle relazioni trinitarie di Figlio, Padre e Spirito.

I teologi hanno continuato questo lavoro di riflessione in ecclesiologia con una certa preferenza per altre immagini della Chiesa. Papa Giovanni Paolo II aveva "fortemente desiderato che i teologi elaborassero la teologia della Chiesa-Famiglia con tutta la ricchezza del suo concetto, facendo emergere la sua complementarità con altre immagini della Chiesa". Era il

14 settembre 1995, quando fu pubblicata l'esortazione apostolica *Ecclesia in Africa*; tre mesi dopo, la XX Settimana Teologica di Kinshasa ha risposto a questo desiderio riflettendo sui due aspetti di questo tema: Chiesa-Famiglia; Chiesa-Fraternità. Siamo tornati al significato teologico del nome "fraternità" applicato alla Chiesa, e a quello del nostro legame fraterno vitale con Cristo che ci ha adottato come fratelli e sorelle al doppio livello della sua incarnazione prima, e poi della nostra divinizzazione attraverso i sacramenti.

Non sono solo i teologi ad aver parlato di fraternità dopo il Vaticano II. Anche i politici ne hanno parlato, come nel caso di Nicolas Sarkozy, che nelle elezioni del 2007 per la presidenza della Repubblica francese ne ha fatto uno dei temi della sua campagna. Il 18 marzo 2007, davanti a 8.000 giovani riuniti allo Zenith, ha ripreso il sogno di Martin Luther King: "Vi chiedo di sognare che tutto il popolo francese si sollevi perché la fraternità non sia più solo un momento inciso sulla facciata dei municipi, ma diventi una realtà tra gli uomini e le donne del nostro paese. A Washington l'ha ripetuto in questi termini: "Sogno che un giorno tutti i bambini le cui famiglie sono francesi da generazioni, tutti i figli di rimpatriati e harkis di immigrati, figli di italiani, polacchi e spagnoli repubblicani, cattolici, protestanti, ebrei e musulmani, possano sedersi insieme al tavolo della fraternità francese."

5. Conclusioni

5.1. *Il sogno della fraternità*

C'è in Papa Francesco il desiderio di condividere un sogno alla radice dell'enciclica *Fratelli tutti*: «un nuovo sogno di fraternità e di amicizia sociale che non si limiti alle parole» (n. 6), un sogno da fare insieme «come un'unica umanità, come viandanti fatti della stessa carne umana, come figli di questa stessa terra che ospita tutti noi, ciascuno con la ricchezza della sua fede o delle sue convinzioni, ciascuno con la propria voce, tutti fratelli!» (n. 8). Quella del sogno è una categoria molto cara a Papa Francesco. Non si tratta certo dell'evasione che fa perdere il contatto con la realtà della vita quotidiana, ma della visione capace di orientare, di indicare la direzione di marcia, di spingere al cambiamento. Quello di una società fraterna è un sogno antico, rintracciato anche nel messaggio di Francesco di Assisi, chiamato «padre fecondo» (n. 4) proprio per averlo saputo suscitare, ma finora esso è andato in frantumi. Tuttavia è un sogno troppo prezioso per rinunciarvi. Per questo il punto di arrivo dell'enciclica è la riproposizione dell'appello alla pace, alla giustizia e alla fraternità con cui si apre il *Documento sulla fratellanza umana per la pace mondiale e la convivenza comune*, firmato il

4 febbraio 2019 ad Abu Dhabi insieme a Ahmad al-Tayyib, Grande Imam di Al-Azhar, la moschea-università del Cairo. Quel *Documento* è una delle sorgenti di *Fratelli tutti*, ma soprattutto il Grande Imam ne è l'interlocutore privilegiato, più volte e ampiamente citato[4].

Conosciamo ormai lo stile dei documenti di papa Francesco, e *Fratelli tutti* non rappresenta un'eccezione. Il testo è lungo e molto articolato, tanto che la prima impressione può persino essere di smarrimento. Come sempre, a una lettura più attenta, il testo si rivela organico anche se non sistematico. A noi lettori occidentali, che in fondo ci aspettiamo che un documento "importante" come un'enciclica debba essere costruito seguendo una logica stringente, viene piuttosto chiesto di immergerci e lasciarci trasportare dal testo, che va affrontato come se si ascoltasse una sinfonia.

5.2. I tre passi dell'Enciclica

Come abbiamo già detto prima, la fraternità è un tema classico dell'immaginario cattolico e della predicazione della Chiesa, su cui non mancano certo i contributi. Prestare attenzione ai passi con cui papa Francesco scandisce il suo discorso ne mette in luce gli elementi di originalità. In particolare il testo scandisce tre passaggi, che conducono alla formulazione dell'appello finale: 1) la presa di coscienza dell'urgenza della fraternità a partire dalla realtà in cui viviamo; 2) un approfondimento dell'analisi che fa emergere motivazioni e ostacoli su un piano più fondamentale; 3) l'identificazione di piste concrete lungo cui il Papa invita tutti gli uomini e le donne di buona volontà, a partire dai membri della Chiesa, a muoversi per concretizzare l'orizzonte della fratellanza e dell'amicizia sociale. Non si fatica a riconoscere in questa struttura lo schema "riconoscere – interpretare – scegliere" che l'esortazione apostolica *Evangelii gaudium* (2013) propone come traccia dei processi di discernimento: «È opportuno chiarire ciò che può essere un frutto del Regno e anche ciò che nuoce al progetto di Dio. Questo implica non solo riconoscere e interpretare le mozioni dello spirito buono e dello spirito cattivo, ma – e qui sta la cosa decisiva – scegliere quelle dello spirito buono e respingere quelle dello spirito cattivo». Lo stesso schema è utilizzato come base anche di molti altri documenti di papa Francesco, dichiaratamente o in modo implicito. Tuttavia l'applicazione del metodo non è mai pedissequa, e ogni nuovo caso mette in luce nuove sfaccettature, a testimonianza della sua fecondità e versatilità. Per molti versi, possiamo leggere *Fratelli tutti* come il resoconto del percorso

---

[4] Seguo la presentazione di: COSTA, Giacomo. "Il sogno della fraternità. **Guida alla lettura della nuova enciclica *Fratelli tutti* di papa Francesco**". *Aggiornamenti Sociali*, 4 ottobre 2020.

di discernimento personale che ha condotto Papa Francesco a formulare l'appello finale «alla pace, alla giustizia e alla fraternità» (n. 285).

5.3. *L'urgenza della fraternità*

Il punto di partenza è la coscienza del paradosso della nostra epoca, che porta con sé una crescente globalizzazione fa corrispondere una frammentazione e un isolamento altrettanto elevati: «Malgrado si sia iper-connessi, si è verificata una frammentazione che ha reso più difficile risolvere i problemi che ci toccano tutti» (n. 7). Lo scoppio della pandemia del Covid19, intervenuto mentre era in corso la stesura di *Fratelli tutti,* non ha fatto che rendere questo paradosso ancora più evidente. Si tratta di una dinamica che attraversa tutte le dimensioni della vita sociale: «I conflitti locali e il disinteresse per il bene comune vengono strumentalizzati dall'economia globale per imporre un modello culturale unico. Tale cultura unifica il mondo ma divide le persone e le nazioni, perché "la società sempre più globalizzata ci rende vicini, ma non ci rende fratelli". Nonostante gli apparenti legami, siamo soli più che mai in questo mondo massificato che privilegia gli interessi individuali e indebolisce la dimensione comunitaria dell'esistenza. A crescere sono piuttosto i mercati, dove le persone svolgono il ruolo di consumatori o di spettatori.

5.4. *La legge dell'amore e il valore della dignità*

«Aperto», termine che compare nel titolo dei capp. 3 e 4, caratterizza il secondo passaggio, contraddistinto dal verbo "interpretare". È una fase indispensabile, ma delicata, perché esposta a inganni, illusioni e seduzioni di varia origine, così come all'incertezza e allo scoraggiamento. Per questo viene subito richiamata la dinamica umana fondamentale, quella dell'amore che spinge a uscire da sé e che rappresenta quindi la chiave interpretativa fondamentale. L'amore: «crea legami e allarga l'esistenza quando fa uscire la persona da sé stessa verso l'altro. Siamo fatti per l'amore e c'è in ognuno di noi "una specie di legge di 'estasi': uscire da se stessi per trovare negli altri un accrescimento di essere"» (n. 88). Ma amare implica «qualcosa di più che una serie di azioni benefiche. Le azioni derivano da un'unione che inclina sempre più verso l'altro considerandolo prezioso, degno, gradito e bello, al di là delle apparenze fisiche o morali» (n. 94). È questa la base su cui è possibile costruire un'amicizia sociale che non esclude nessuno e una fraternità aperta a tutti.

5.5. *Scegliere la Fraternità*

Riconoscere la situazione che stiamo vivendo e chiarire i riferimenti con cui interpretarla aprono al passo dello "scegliere", cioè all'identificazione degli ambiti in cui giocare l'impegno per costruire la fraternità e l'amicizia sociale. A questo sono dedicati gli ultimi quattro capitoli di *Fratelli tutti*. In particolare, il cap. 5 affronta l'impegno della politica, chiarendo fin da subito l'approccio che propone: «Per rendere possibile lo sviluppo di una comunità mondiale, capace di realizzare la fraternità a partire da popoli e nazioni che vivano l'amicizia sociale, è necessaria la migliore politica, posta al servizio del vero bene comune. Purtroppo, invece, la politica oggi spesso assume forme che ostacolano il cammino verso un mondo diverso» (n. 154). Il capitolo affronta questioni di grande intensità, dalle tentazioni del populismo (in cui rischia di degenerare l'attenzione al popolo) e del liberalismo, all'importanza cruciale del lavoro, al rapporto fra carità, anche politica) e verità (riagganciandosi all'enciclica *Caritas in veritate* di Benedetto XVI). L'ultima parte del capitolo (nn. 193-197) è dedicata espressamente a coloro che sono impegnati in politica.

Il cap. 6 offre spunti sul dialogo, tema da sempre caro a papa Francesco: «Non c'è bisogno di dire a che serve il dialogo. Mi basta pensare che cosa sarebbe il mondo senza il dialogo paziente di tante persone generose che hanno tenuto unite famiglie e comunità. Il dialogo perseverante e coraggioso non fa notizia come gli scontri e i conflitti, eppure aiuta discretamente il mondo a vivere meglio, molto più di quanto possiamo rendercene conto» (n. 198). Un lungo sviluppo (nn. 206-214) è dedicato al rapporto tra verità e dialogo. Quest'ultimo non può che reggersi sulla maturazione di «un sentito rispetto verso la verità della dignità umana» (n. 207), senza il quale nessuna società può avere un futuro: «Che ogni essere umano possiede una dignità inalienabile è una verità corrispondente alla natura umana al di là di qualsiasi cambiamento culturale» (n. 213). È questa la radice della possibilità «di cedere qualcosa per il bene comune. Nessuno potrà possedere tutta la verità, né soddisfare la totalità dei propri desideri, perché questa pretesa porterebbe a voler distruggere l'altro negando i suoi diritti» (n. 221).

Il cap. 7, intitolato «Percorsi di un nuovo inizio», affronta una questione particolarmente spinosa: che cosa significa operare per risolvere e superare i conflitti, come è necessario fare nella prospettiva della pace e dell'amicizia sociale, senza negare la verità delle cause che li hanno scatenati e soprattutto degli effetti che hanno prodotto, il che comporterebbe una ulteriore violazione della dignità delle vittime? Il dialogo è chiamato a farsi strumento di riconciliazione, che non può omettere la ricerca della verità: «Verità è raccontare alle famiglie distrutte dal dolore quello che è successo ai loro parenti scomparsi. Verità è confessare che cosa è successo ai minori reclutati dagli operatori di violenza. Verità è riconoscere il dolore delle donne vittime di violenza e di abusi. [...] Ogni violenza commessa contro un essere umano è una ferita nella carne dell'umanità; ogni morte violenta ci "diminuisce" come persone» (n. 227). Ma questa ricerca non può condurre alla vendetta: è questa la ragione che conduce il Pontefice a offrirci due approfondimenti complementari, il primo sul perdono e il secondo sulla memoria. Infine *Fratelli tutti* riflette su due situazioni estreme a cui si giunge quando si rinuncia a seguire il cammino del dialogo e della riconciliazione: la guerra (nn. 256-262) e la pena di morte (nn. 263-270). Entrambe «sono false risposte, che non risolvono i problemi che pretendono di superare e che in definitiva non fanno che aggiungere nuovi fattori di distruzione nel tessuto della società nazionale e mondiale» (n. 255).

Infine, il cap. 8, che culmina con l'appello «alla pace, alla giustizia e alla fraternità» (n. 285) che riprende il documento di Abu Dhabi, riflette sul compito delle religioni a servizio della fraternità nel mondo, cioè sul ruolo insostituibile che possono ricoprire anche all'interno di società pluraliste e secolarizzate: «A partire dalla nostra esperienza di fede e dalla sapienza che si è andata accumulando nel corso dei secoli, imparando anche da molte nostre debolezze e cadute, come credenti delle diverse religioni sappiamo che rendere presente Dio è un bene per le nostre società. Cercare Dio con cuore sincero, purché non lo offuschiamo con i nostri interessi ideologici o strumentali, ci aiuta a riconoscerci compagni di strada, veramente fratelli» (n. 274).

5.6. *Il testamento spirituale di papa Francesco*

Troviamo nell'Enciclica alcuni luoghi in cui papa Francesco fa emergere il suo desiderio più intimo, con esclamazioni, domande, riprese di sue parole precedenti che gli sono più care. L'enciclica sviluppa uno dei temi più centrali alla cristianità e non a caso il papa si richiama alla vita e all'insegnamento di san Francesco d'Assisi, sulla cui tomba ha voluto firmare e promulgare questo testo che è una specie di testamento spirituale. Rispetto all'insegnamento sociale della Chiesa, cui si richiama, il Papa non propone novità particolari, se non la fine della possibilità della guerra giusta («Davanti a tale realtà, oggi è molto difficile sostenere i criteri razionali maturati in altri secoli per parlare di una possibile "guerra giusta". Mai più la guerra!», n. 258) e la condanna della pena di morte («Oggi affermiamo con chiarezza che «la pena di morte è inammissibile» e la Chiesa si impegna con determinazione a proporre che sia abolita in tutto il mondo» n. 263), segnando un passo di non ritorno rispetto a dibattiti secolari.

Ma vengo ora a ciò che mi sembra stia più a cuore a Papa Francesco che non si ritrae dai moti più intimi del suo animo, ma li condivide, superando la dimensione razionale del ragionamento, ma coinvolgendo i suoi e i nostri affetti, più cari. Affetti altrettanto necessari quanto la razionalità del pensiero[5]. Leggiamo insieme in questa ottica un po' nuova, questo testo che sembra quasi un testamento spirituale, sia per la ripresa dei temi a lui più cari, sia come profondità della riflessione. Una maturità spirituale difficilmente superabile che ci invita a un discernimento del nostro agire per sintonizzarlo sull'essenziale: «l'adorazione di Dio e l'amore del prossimo» (n. 282)[6].

Al n. 55 il papa dice: «Invito alla speranza, che «ci parla di una realtà che è radicata nel profondo dell'essere umano, indipendentemente dalle circostanze concrete e dai condizionamenti storici in cui vive. Ci parla di una sete, di un'aspirazione, di un anelito di pienezza, di vita realizzata, di un misurarsi con ciò che è grande, con ciò che riempie il cuore ed eleva lo spirito verso cose grandi, come la verità, la bontà e la bellezza, la giustizia e l'amore. […] La speranza è audace, sa guardare oltre la comodità personale, le piccole sicurezze e compensazioni che restringono l'orizzonte, per aprirsi a grandi ideali che rendono la vita più bella e dignitosa». Camminiamo nella speranza». E' una citazione di un discorso rivolto ai giovani a Cuba. Il papa non è pessimista sul futuro dell'umanità, vuole che coltiviamo la speranza di un mondo migliore, di un mondo più giusto, di un mondo più fraterno. Il suo sguardo di uomo che ha vissuto tante vicende storiche, si è conservato pieno di speranza. Francesco non ha difficoltà a porre domande dure. Dopo aver illustrato la parabola del buon samaritano come figura del tempo presente si rivolge al lettore con questo domanda:

> Con chi ti identifichi? Questa domanda è dura, diretta e decisiva. A quale di loro assomigli? Dobbiamo riconoscere la tentazione che ci circonda di disinteressarci degli altri, specialmente dei più deboli. Diciamolo, siamo cresciuti in tanti aspetti ma siamo analfabeti nell'accompagnare, curare e sostenere i più fragili e deboli delle nostre società sviluppate. Ci siamo abituati a girare lo sguardo, a passare accanto, a ignorare le situazioni finché queste non ci toccano direttamente […] Meglio non cadere in questa miseria.(nn. 64-66).

Poco più avanti il Papa, quasi menzionando un proverbio: «Chi vuole

---

[5] Cf. SEQUERI, Pierangelo, *La fede e la giustizia degli affetti. Teologia fondamentale della forma cristiana*, Cantagalli, Siena 2019; *Deontologia del fondamento*, Giappichelli, Torino 2020.

[6] Cf. MORANDÉ, Pedro. (2021). *Fraternity and Social Friendship as a "Spiritual Heritage" of Pope Francis. Comment on the Encyclical Fratelli Tutti*. In: *The proceedings of the Webinar on Fratelli tutti*. Edited by Pierpaolo Donati, Roland Minnerath, Marcelo Sánchez Sorondo, Stefano Zamagni. Città del Vaticano: Libreria Editrice Vaticana.

trova un mezzo e chi non vuole trova una scusa» dice che:

> È possibile cominciare dal basso e caso per caso, lottare per ciò che è più concreto e locale, fino all'ultimo angolo della patria e del mondo, con la stessa cura che il viandante di Samaria ebbe per ogni piaga dell'uomo ferito. Cerchiamo gli altri e facciamoci carico della realtà che ci spetta, senza temere il dolore o l'impotenza, perché lì c'è tutto il bene che Dio ha seminato nel cuore dell'essere umano. Le difficoltà che sembrano enormi sono l'opportunità per crescere, e non la scusa per la tristezza inerte che favorisce la sottomissione. Però non facciamolo da soli, individualmente (n. 78).

Tutti possiamo fare qualcosa lì dove siamo. Papa Francesco ci confida la sua tristezza (n. 86), aprendo così un varco sulla sua intimità:

> A volte mi rattrista il fatto che, pur dotata di tali motivazioni, la Chiesa ha avuto bisogno di tanto tempo per condannare con forza la schiavitù e diverse forme di violenza. Oggi, con lo sviluppo della spiritualità e della teologia, non abbiamo scuse. Tuttavia, ci sono ancora coloro che ritengono di sentirsi incoraggiati o almeno autorizzati dalla loro fede a sostenere varie forme di nazionalismo chiuso e violento, atteggiamenti xenofobi, disprezzo e persino maltrattamenti verso coloro che sono diversi. La fede, con l'umanesimo che ispira, deve mantenere vivo un senso critico davanti a queste tendenze e aiutare a reagire rapidamente quando cominciano a insinuarsi. Perciò è importante che la catechesi e la predicazione includano in modo più diretto e chiaro il senso sociale dell'esistenza, la dimensione fraterna della spiritualità, la convinzione sull'inalienabile dignità di ogni persona e le motivazioni per amare e accogliere tutti.

Nel capitolo dedicato alla carità parla dell'attenzione affettiva (n. 93), come di uno che ne fa esperienza quotidiana: «Cercando di precisare in che cosa consista l'esperienza di amare, che Dio rende possibile con la sua grazia, San Tommaso d'Aquino la spiegava come un movimento che pone l'attenzione sull'altro «considerandolo come un'unica cosa con sé stesso». L'attenzione affettiva che si presta all'altro provoca un orientamento a ricercare gratuitamente il suo bene».

Il dolore fa parte dell'intimità di Francesco, dolore che forse nasce dal rilevare come alle parole non seguano i fatti, e non ha paura a parlarcene: «In questa linea, torno a rilevare con dolore che

> già troppo a lungo siamo stati nel degrado morale, prendendoci gioco dell'etica, della bontà, della fede, dell'onestà, ed è arrivato il momento di riconoscere che questa allegra superficialità ci è servita a poco. Tale distruzione di ogni fondamento della vita sociale finisce col metterci l'uno contro l'altro per difendere i propri interessi». Volgiamoci a promuovere il bene, per noi stessi e per tutta l'umanità, e così cammineremo insieme verso una crescita genuina e integrale. Ogni società ha bisogno di assicurare la trasmissione dei valori, per-

ché se questo non succede si trasmettono l'egoismo, la violenza, la corruzione nelle sue varie forme, l'indifferenza e, in definitiva, una vita chiusa ad ogni trascendenza e trincerata negli interessi individuali (n. 113)[7].

---

[7] Cf. DONATI, Pierpaolo. (2021). *Fraternity Takes Concrete Form in Generating Relational Goods*. In: *The proceedings of the Webinar on Fratelli tutti*. Edited by Pierpaolo Donati, Roland Minnerath, Marcelo Sánchez Sorondo, Stefano Zamagni. Città del Vaticano: Libreria Editrice Vaticana. La traduzione è nostra.

Reimagining Mission from Fraternity

DANIEL PATRICK HUANG

The title of this presentation might be somewhat misleading. I will not attempt a systematic, comprehensive rethinking of missiology, as the title might suggest. My goals are much more tentative and exploratory. Reading *Fratelli tutti* (FT) from the point of view of missiology, I would like to investigate a single question: *how does perceiving the Other primarily as brother or sister affect the way mission is carried out by the Church*? There will be three parts to this reflection. First, I will explore how Pope Francis in FT invites us to *reimagine the Other*. Second, I will focus on how FT also invites us to *reimagine Christian identity*. Finally, the paper will suggest how *mission might be reimagined* when universal fraternity becomes the starting point and focus of mission.

1. Reimagining the Other

How do we, even before we think about it, see the Other, that is, those who are different from us in terms of nationality, ethnicity, culture, class, gender, religion, political affiliation? Thinkers like John Henry Newman, and more recently, philosophers Charles Taylor and James K. A. Smith, have, in different ways, sought to make us aware of the role of imagination in our perception of reality.[1] We see not only under the influence of our ideas, but because of the way our habits of perception have been shaped and oriented by the stories, symbols, images, practices and concrete experiences of our lives.[2] Perception often has less to do with ideas than with one's interior dispositions shaped by imagination.

Perhaps some examples might be helpful. I know a priest, who, despite all his intellectual training in philosophy and theology, had nothing but contempt for Muslims. That contempt could be traced to his growing up in a family and culture in which Muslims were called derogatory names, and in which stereotypes and stories about their purported "laziness, ignorance

---

[1] Cf. J. SMITH, *Imagining*.
[2] Cf. J. SMITH, "Healing the Imagination".

and treacherousness" were constantly repeated. In the end, the stories, sayings, images, experiences lodged in his imagination were more powerful than the concepts taught to him in philosophy and theology. His habits of perception had been molded at a level deeper than ideas.

Yet another example. Around February last year, when the pandemic was beginning but before lockdown, I confess I was afraid to go outside the Gregorian because of many stories I had heard. Filipinos in Northern Italy and Rome had been beaten up by Italians who had mistaken them for Chinese, and thus blamed them for the virus coming to Italy. One evening, I was on the bus, with an empty seat beside me. A well-dressed white woman came on board. She looked at the empty seat, then looked at me, then pointedly, with our eyes meeting, she deliberately pulled her scarf over her nose and turned away. It was clear to me that I had been seen as a threat. I suspect, however, that those reactions were due less to well-developed theories, and more the result of the non-stop stories and images on the news, the language and narratives repeated by certain world leaders linking the virus to China, that somehow lodged in the imagination, and formed reactive ways of seeing the Asian Other.

In *Fratelli tutti*, Pope Francis writes with deep concern about the extreme suffering and unprecedented division in our world, and he clearly links these problems to our habits of perception, our ways of seeing the Other, and how these have been deformed by repeated narratives and cultural influences that touch us on the level of imagination. There are two problematic ways of seeing the Other that the Pope highlights. First, the Other is seen as somehow subhuman, less fully human than ourselves. In No. 18, for example, he writes that "persons *are no longer seen* as a paramount value to be cared for and respected." Rather they are seen as "not yet useful" like the poor, the disabled, the unborn or "no longer needed" like the elderly. This failure to see the Other as fully human ends up in a readiness to discard or abandon the Other, which Pope Francis links to the "throwaway" consumer culture which has formed our imaginations to throw away "not only food and dispensable objects, but often human beings themselves" (no.19).

Secondly, the Other is seen as a dangerous rival or foe. In No. 133, he calls on young people to be on their guard against the forces in society that repeatedly tell them to "*view*" migrants "as a threat." Similarly, in No. 152, he warns against the danger of "*viewing* others as competitors or dangerous enemies," noting that this habit of perception is the result of being "trained in . . . fear and mistrust."

In No. 27, both these ways of seeing the Other--as less than human and as threat-- are joined in those who want to build a "culture of walls," who see the Other simply as "them." Once again, Pope Francis links this, not so much to ideas, but to imagination: he traces the origins of this culture to what he calls "ancestral fears" that lead people to see whatever is "outside the walls of the town" as "the abyss, the unknown, the barbarian, from whom we must defend ourselves at all costs."

At its heart then, it seems to me that *Fratelli tutti* is an attempt to heal our diseased habits of perception. The indifference and aggression that characterize our contemporary world and are responsible for so much suffering are the results of the way we see the Other as either less than human or as a threat, or both. Behind the concrete proposals for politics and policy in FT, there is an effort to transform our way of seeing the Other by healing and transforming our imaginations by the power of the Gospel. "Only a *gaze*"—that is, a way of seeing—"that is transformed by charity can enable the dignity of others," Pope Francis writes in No. 187. What Francis attempts is to help his readers to adopt what he calls "God's way of seeing" (no. 281): "God does not see with his eyes, God sees with his heart. And God's love is the same for everyone, regardless of religion." Francis' goal for this Encyclical is precisely, at a time when attempts abound to "eliminate or ignore others," to inspire "a new *vision*"—a new way of seeing—"of fraternity and social friendship that will not remain on the level of words" (no.6).

This is perhaps why a story, a narrative, the parable of the Good Samaritan, is at the heart of the Encyclical. Francis not only develops his interpretation of the parable in second chapter, but returns to it in several other chapters. To overlook the centrality of this narrative in the Encyclical would be a mistake, for stories, more than concepts, shape our imaginations. Furthermore, the parable is precisely a story about a difference in perception: In contrast to the priest and the Levite who "look the other way," (no. 64) so as not to see the injured man, the Samaritan, "without even knowing the injured man, *saw him* as deserving of time and attention" (no. 63). As Cardinal Czerny and Christian Barone point out in their fine new book on FT, the parable is not simply a moralizing exhortation to help others. *It is a parable first of all about seeing*, in which Jesus, prior to any charitable action, calls for a conversion of perception, a change in one's way of looking at the Other,[3] rooted in faith that "God loves every man or woman with infinite love and thereby confers infinite dignity on all humanity" (no. 85).

The American theologian William Cavanaugh makes an interesting observation. From one point of view, he says, the central message of FT--that

---

[3] M. Czerny e C. Barone, *Fraternità Segno Dei Tempi,* 134-137.

we should see each other as brothers or sisters despite our differences, because we are all children of God--seems so basic, even obvious, for Christians; yet strangely, it sounds so revolutionary. The fact that this way of seeing the Other should seem so radical is an indication for Cavanaugh of precisely how broken and divided our world is, and how badly needed this change of perception is.[4] Sadly, as the Italian journalist Alessandro Banfi pointedly put it, if our planet were to have a title now, it would probably not be "Fratelli tutti," but "Nemici Tutti".[5]

2. **Reimagining Christian identity**

But there is a second transformation of perception that seems to be needed, particularly when one studies the negative reactions of some Catholics to *Fratelli tutti*. It is the reimagination of how we see ourselves, the reimagination of Christian identity. We shall now explore how Pope Francis attempts to promote this change of perception in FT.

With varying emphases, the Catholic critics of FT find Pope Francis' emphasis on universal fraternity dangerous because, they say, it weakens distinctive and, if one reads between the lines, superior Christian identity. Too much emphasis, they say, on respect, encounter, dialogue, seems to suggest that other religions are equal to Christianity, and that Jesus is simply the hero of our faith tradition, comparable to those of other faith traditions. Pope Francis, one critic writes, over-emphasizes fraternity and fails to point out how much in error other religions are, in comparison to the fullness of truth in the Catholic faith. Francis, for this writer, thus weakens the Church's call to evangelize. Different detractors argue that Pope Francis' focus on universal human dignity and human fraternity are, in fact, not Christian, but ideas he has taken from the Enlightenment and even from Freemasonry. They claim that the Pope makes very few references to the name of Jesus in the Encyclical, and that when he does, he presents Jesus simply as a moral teacher, rather than the universal Savior. One theologian even argues that Pope Francis' project of promoting human fraternity is doomed to failure, because unless human beings are reborn in Christ, their innate sinfulness makes them incapable of living in fraternity. In other words, unless everyone becomes Christian, there can be no real universal fraternity.[6]

---

[4] W. Cavanaugh, "Radical Truths".

[5] A. Banfi, "Adrien Candiard".

[6] There is no lack of critique of FT online. Cf. https://www.faith.org.uk/article/fratelli-tutti-in-search-of-a-new-vision-of-fraternal-love/; https://www.catholicworldreport.com/2020/10/23/fratelli-tutti-and-the-preaching-of-the-good-news/; https://www.catholicworldreport.com/2020/10/09/culture-dialogue-religion-and-truth-in-fratelli-tutti/, among others.

What is common to these critiques is their emphasis on what Miroslav Volf, in his book, *Exclusion and Embrace*, calls the "will to purity."[7] These opinions emerge from groups who emphasize clear identity over and against the Other, that have adopted the strategy of protecting one's tribe from the dangerous Other by establishing clear markers and boundaries of identity that unambiguously distinguish an in-group from the out-group, "us" from "them." It is not surprising then that they see FT's advocacy of universal fraternity as threatening, because to see the Other primarily as brother or sister means blurring, making fuzzy the clear boundaries they delineate to separate the Christian from the non-Christian Other. As Volf points out, for groups that are constructed on a notion of pure identity, the only ways to deal with the Other are elimination, pushing them out of our pure world, or assimilation, accepting the Other only if the Other become completely like us.[8]

In fact, in FT, Pope Francis observes with concern "the emergence and growth of social groups clinging to an identity that separates themselves from others" (no. 102). Francis names different forms of these identity-assertive tribalisms that have sprung up like mushrooms in our contemporary world: "extremist, resentful, and aggressive nationalism" (no. 11), "closed populist groups" (no. 160), "fundamentalist intolerance" (no. 191), "racism" (no. 20), digital groups among "persons who think alike" and "foment prejudice and hate" (no. 45). What is common among these groups is fear or a sense of threat from the dangerous Other who is seen as rival or enemy. The common strategy is to promote what Francis calls a "culture of walls," not just "walls in the land," but, in a striking phrase, "walls in the heart," in order to protect those within the wall from those outside, so as "to prevent encounter with other cultures, with other peoples" (no. 27). And Francis is clearly aware of Christian versions of identity-assertive tribalisms for example, when he speaks of "believers" who engage in "the imposition of their own ideologies upon everyone else, or in a violent defense of the truth, or in impressive demonstrations of strength" (no. 92).

By way of contrast with these Catholic groups that find the call to universal fraternity destructive or threatening of Christian identity, I think Francis engages in a two-fold strategy that aims to help reimagine Christian identity. First is his nuanced discussion of the relationship between universal fraternity and particular identities. Francis clearly is against the abstract universalism promoted by a kind of globalization that disrespects and eliminates diversity in favor of a bland homogeneity or a lazy relativ-

---

[7] M. VOLF, *Exclusion and Embrace*, 69.
[8] M. VOLF, *Exclusion and Embrace*, 69.

ism. Francis is aware that it is that globalist universalism that has, in fact, provoked the reaction of identity-assertive tribalisms (no. 144). "Universal does not mean bland, uniform, and standardized, based on a single prevailing cultural model." Instead, Francis argues for a sense of identity that one might summarize as *"differentiation without separation"*[9] or *"differentiation with openness."*

On the one hand, differentiation, the sense of and love for one's distinct cultural or religious identity, is necessary: boundaries are needed for a sense of self, just as a house needs walls to become a home, distinct from the street or public areas. However, this differentiation should not be allowed to become separation from the Other, for it is only through openness and interaction with what is different that identities can grow. To elaborate on our not altogether adequate metaphor of a home, a home needs walls, but it also needs doors and windows. Thus, it is interesting that whether it is in intercultural or interreligious dialogue, in chapters 4 and 7, Francis insists on a strong grounding in one's distinctive identity, or else one would have nothing to contribute. At the same time, he maintains that there must be a certain "healthy openness," (no. 148) that allows one to grow by encounter and exchange with the Other.

The second way Francis invites us to reimagine Christian identity is perhaps more radical, and is once again linked to his telling of the parable of the Good Samaritan. In the story, the lawyer who asks Jesus, "Who is my neighbor?" is intent on establishing boundaries, the limits of care and compassion. As Francis says, "the word 'neighbor' in the society of Jesus' time, usually meant those nearest to us. It was felt that help should be given primarily those of one's own group and race" (no. 80). In other words, the boundary-setting question of the lawyer might be translated thus: who is the Other who, by virtue of somehow being close to me, is worthy of my love? Pope Francis emphasizes that Jesus' response overturns this focus on boundaries of identity. The lawyer had asked, "Who is my neighbor?"; Jesus, by way of contrast, asks, "Which of these three, do you think, *was* a neighbor?" In other words, Jesus "asks us not to decide who is close enough to be our neighbor, but rather that we ourselves become neighbors to all." Just as the Samaritan did not so much determine the boundaries of "neighbor-hood," but "became a neighbor" himself, so, "I should no longer say that I have neighbors to help, but that *I should be a neighbor to others*" (no. 81).

In other words, *Francis is suggesting that Christian identity is not primarily determined by setting boundaries, but by having a center*, what

---

[9] Cf. M. VOLF, *Exclusion and Embrace*, 58-60.

Miroslav Volf calls becoming a "centered self"[10]. To be a Christian means to have this core sense of identity: "I am a neighbor," I am one who believes that "God loves every man and woman with infinite love," who believes that "Christ shed his blood for each of us and that no one is beyond the scope of this universal love" (no. 85). Because Christian identity is based on this center, the Christian can cross boundaries freely without fear of losing one's identity or being contaminated by the pollution of the so-called impure. And precisely because this center is the self-giving, universal love of Christ, the Christian self is opened up, "willing to give itself for others and to receive others in itself."[11]

In short, Francis invites us not only to reimagine the Other as brother or sister, but to reimagine Christian identity as primarily my being a brother or sister to others, because this is how God loves humanity in Christ. This reimagination of Christian identity is concretized by the iconic figure Francis ends his encyclical with, Blessed (soon-to-be Saint) Charles de Foucauld. Charles de Foucauld is a truly fascinating figure: soldier, explorer, monk, missionary, one whom Yves Congar called a beacon set aflame by God for our atomic age. He lived for years among the Muslim Tuareg tribes in the deserts of Algeria, as one of them. He respected Muslims because his own conversion to the Christian faith he had lost as a young man was the result of his exposure to Muslims in Morocco and their habits of unashamed public prayer. The cry *"Allah akbar,"* he would later write, seized his soul in a way that all the "metaphysical demonstrations of theodicy" failed to do.[12] He longed to share Christ with them, but was aware that, in that colonial period, in which every foreigner was linked to the French imperial project, his speech might be misunderstood to be part of the rhetoric of conquest, that he would be seen not as a priest, but as a soldier. Inspired by Christ in Nazareth, who saved humanity not by preaching, but by presence, he lived among the poorest, in friendship and service, in witness.[13] Although he cannot be the only model for mission, I find myself very much in agreement with Cardinal Walter Kasper, who suggests that Foucauld is an "interesting model" for mission, "not just in the desert of Tamanrasset but also in the desert of the modern world."[14]

Foucauld was a complex man, and not without his ambiguities. He was certainly a man of his times, and his support of colonialism and the French

---

[10] M. Volf, *Exclusion and Embrace*, 63.
[11] M. Volf, *Exclusion and Embrace*, 65.
[12] Annuziata di Gesù, *Charles de Foucauld*, 25.
[13] Cf. M.D. Semararo, *Charles de Foucauld*, A. Chatelard, *St. Charles de Foucauld*.
[14] Interview with W. Kasper, "Charles de Foucauld".

civilizing project has been the subject of much recent scholarly critique and controversy.[15] But what is clear is that he was not limited by those convictions. What allowed him to live his extraordinary life of radical Christian witness among a people totally different in culture and religion was that *he acted from a center, from a core sense of identity*. As Pope Francis points out, Foucauld not only saw the Other as his brothers and sisters, but he saw *himself* as one called to be a "brother to every human being," to be, in his own words, the "universal brother," (no. 287) in imitation of and in union with Christ, the true universal brother. "I want all the inhabitants, Christian, Muslim and Jew and idolater, to see me as their brother, the universal brother," he wrote in 1902.[16]

Thus, Foucauld could live freely with the Other in friendship and equality, giving and receiving care from Muslims, because his identity was not defined by boundaries, but by a center. The Tuareg called him "Marabout Abed Aissa (servant of Jesus)," but without fear or distance. They recognized his unique identity, but they still saw him as their brother. In 1975, Ali Merad, a French Muslim professor wrote these moving words about Charles de Foucauld: "Would it be too much to think that, although he may belong to Christianity spiritually, the great hermit of the Sahara belongs in some way to Islam? . . . Through the unfathomable desert night, this fragile light (of the life of Charles de Foucauld) was like the joyful sign of a fraternal presence."[17]

3. Reimagining mission from fraternity

Reimaging the Other primarily as brother and sister in one human family under God, reimagining Christian identity as centered on the desire to be universal brother or sister in imitation of and union with Christ, how does Francis in *Fratelli tutti* reimagine the practice of mission? Before seeking to respond to that question, allow me to make two initial observations.

First, my study of mission history has convinced me that the practice of mission is deeply linked with an underlying vision of the Other. The modern missionary movement, or what missiologist Gianni Colzani calls the Western missionary movement, beginning in the late 15th century and ending in the mid twentieth century, was precisely impelled by the eruption

---

[15] See, for example, M. DALLH, "Exploration in Mysticism," particularly the third section entitled, "Foucauld: a colonial saint or a universal brother?"

[16] A. CHATELARD, *St. Charles de Foucauld*, 137.

[17] Z. HERSOV, "A Muslim's View of Charles de Foucauld," 307. Cf. also, ANNUZIATA DI GESÙ, *Charles de Foucauld,* 136-142.

of the Other in the European Christian consciousness.[18] With the "discovery" of new worlds, in the Americas, Africa, and Asia, European Christians were faced with peoples they had absolutely no idea existed before, who did not fit any of the established medieval categories of the Other (ie., the Jew, the Muslim, the heretic), and whose humanity therefore had to be understood and evaluated. I often tell my students that we might imagine the same shock and the same urgent need to understand and name the Other if tomorrow we were to discover intelligent life on Mars. We would have to ask whether those different looking creatures who seem to have some intelligence and some form of language and culture are human or not, to what extent they are like us and to what extent they are different, whether we are to deal with them as equals, as superiors, or inferiors.

I could propose numerous examples to support the thesis that the vision of the Other affects the practice of mission, but I must limit myself to one for now. The famous Valladolid debate (1550-1551) between Bartolome de las Casas and Juan Gines de Sepulveda was precisely a disputation about the nature of the humanity of the Other, in this case, the native American Indian, and what methods of evangelization were appropriate in view of that nature. Sepulveda argued from Aristotle that the Native Americans were a naturally inferior form of humanity, made to serve and be subjugated to superior races, like the Spaniards. That they should lose their freedom and be conquered was unimportant compared to the blessings of civilization and the Catholic faith that the Spaniards brought them, even through violent coercion. By way of contrast, de las Casas insisted on the full and equal humanity of the Indians, created in the image of God. Since they were fully human, blessed with intelligence and freedom, the Gospel should not be forced on them, but offered in a manner befitting their dignity.[19] Here one sees a dramatic illustration of the principle that the way one perceives the Other conditions the way one imagines mission and its practice. If the Other is not a brother or sister of equal dignity, then violence, supposedly in the name of the Gospel, defended as a form of discipline one metes out to ignorant children incapable of understanding in any other way, becomes justified.

The second prefatory comment is this. Pope Francis himself calls FT a "social encyclical," (no. 6) which is to say that its focus is the social mission of the Church. FT, then, is not intended to be a comprehensive exposition of the Church's mission, the way *Evangelii Nuntiandi* of Paul VI, *Redemptoris Missio* of John Paul II, and *Evangelii Gaudium* of Francis himself

---

[18] Cf. G. COLZANI, *Conversione*, 98-112.
[19] Cf. G. COLZANI, *Teologia della Missione*, 15-18.

were. Nonetheless, as a document explicitly addressed to both Christians and non-Christians ("people of good will,") (no.6), it is an interesting, illuminating *performance* of evangelization, an act of sharing the Gospel, in the pluralistic setting of the contemporary world. Pope Francis is addressing Christian brothers and sisters, but at the same time, others—those of other religious traditions or who are non-believers—whom he also regards as brothers and sisters under God the Father. Do we learn anything about how mission is to be practiced today from Francis' *performance* of mission in FT? How is mission exercised when universal fraternity is its starting point and its focus? I would like to suggest five initial points inspired by FT.

First, mission with human fraternity as a starting point, begins and unfolds with respect and esteem for the Other, including the religious Other. This esteem is not simply based on a conceptual belief, so to speak, in the dignity of each human being, but involves actively recognizing goodness in others, a recognition inspired by faith ("Faith has untold power to inspire and sustain our respect for others." [no. 85]) and by love ("Love . . . originates in a sense of esteem, an appreciation of the value of the other" [no. 93]). It is striking that, in his two prayers at the end of the encyclical, Francis prays: "May we recognize the goodness and beauty that you have sown in each of us" and "Come, Holy Spirit, show us your beauty, reflected in all the peoples of the earth" (no. 287). This missiological stance of respect extends to a recognition of how God, the Father of all, works in other religions. Francis writes: "The Church esteems the way God works in other religions," and, quoting *Nostra Aetate* of Vatican II, continues, "(it) rejects nothing of what is true and holy in these religions" (no. 277). This reverence before the action of God in the Other is captured by Francis in a beautiful phrase: he speaks of the "encounter with the sacred mystery of the other" (no. 277). (One might parenthetically note that the theologians can and will rightly differ in their opinions regarding what the nature of that work of God is, but hopefully, no one will deny the fact of God's work).

Second, because of this respect inspired by faith and love, mission from fraternity sees those of different faiths not primarily as enemies or rivals, but as allies, as "travelling companions," to use the words of Francis, as "truly brother and sisters" (no. 274). This means giving up what the French Dominican Adrien Candiard calls a "competitive spirit" in living faith and mission, an ultimately worldly attitude which sees evangelization as winning, or defeating the competition; that says, not "*Fratelli tutti*" but "*Concorrenti Tutti*"[20]*!* Without denying real and significant differences among

---

[20] Cf. https://it.clonline.org/storie/incontri/2021/02/12/adrien-candiard-il-conto-%C3%A8-sempre-aperto.

religions or minimizing the challenges of dialogue, mission from fraternity places priority on "mutual cooperation" among the religions for two reasons. First, in the context of contemporary secularized societies that have distanced themselves from "transcendent truth" (no. 273), "religious values" (no. 275), and from God himself (no. 274), religious traditions together have an important role as repositories and witnesses of a transcendent wisdom that secular societies often ignore or disdain, but which they need. Second, in the light of so much violence and hatred in the name of God, which has led many in secularized societies to dismiss religion as a force for intolerance and violence, religions need to work decisively on their "journey of peace" (no. 281) together, so as give collective witness to the true God of universal love and fraternity. By taking the bold step of including a lengthy excerpt from a joint declaration with a Muslim Grand Imam into a papal encyclical, Pope Francis does not simply speak about mutual cooperation, but *enacts* it in *Fratelli tutti*.

Third, mission that promotes human fraternity as a priority is, in fact, not simply a social commitment of an NGO, but involves the proclamation of the heart of the Gospel. It means, to use the title of a book by the Spanish theologian Jose Antonio Pagola, to "announce God as Good News."[21] Because FT is a social encyclical, much attention has been given to the concrete policy proposals of Pope Francis, such as his positions on migrants, his views on populism, his statements on just war and the death penalty. However, focusing on these points alone misses an important element of FT as a performance of mission.

Repeatedly, Francis speaks of God as the basis for these positions. What image of God then emerges from FT? Who is this God that Francis is continually invoking? One might summarize thus. This God is the loving Father of all, who creates all peoples in his image, who imbues each person with unspeakable dignity, and loves each person with infinite love. This God is a Father whose compassion and care extends to those most forgotten, those most vulnerable, the poor and the suffering. This God is a Father who longs to heal the divisions among his children and to bring them into peaceful communion with each other and with himself. In short, *FT is not simply a philosophical or social document. It is a proclamation of the God and Father of Jesus Christ,* the God revealed to us by Jesus Christ; an announcement made, not just to Christians (who presumably already believe in this God), but also to those of other faiths or of no faith to whom Francis also addresses this document.

---

[21] Cf. J.A. PAGOLA, *Annunciare Dio*.

In other words, mission that stresses universal fraternity, that teaches it, that promotes it, does not water down the Gospel or reduce it to a mere humanitarian proposal. Rather, it proclaims what Francis calls in *Evangelii Gaudium* "the heart of the Gospel" (EG 34). Recall that one of the problems Francis is concerned about is that people today too often reject Christianity because they connect it only to its moral teachings, which, while important, when heard apart from the "heart of Christ's message," no longer come across as Good News. Thus, in EG, Francis urges what he calls a "missionary style" that "concentrates on the essentials, on what is most beautiful, most grand, most appealing, and at the same time most necessary" (EG 35). It is striking that his single-sentence articulation of the heart of the Gospel in *Evangelii Gaudium* is, in fact, a summary too of the entire message of *Fratelli tutti*. "Before all else, the Gospel invites us to respond to the God of love who saves us, to see God in others, and to go forth from ourselves to seek the good of others." (EG 39)

The eminent Canadian philosopher Charles Taylor also sees in *Fratelli tutti* more than just a series of social policy proposals and moral exhortations. To limit FT's promotion of human fraternity to the level of obligation, to what we ought to do, is, in Taylor's opinion, to "miss something essential." Taylor insightfully comments: "The encyclical also operates in another dimension, which we might describe as the *fullness of humanity and how to reach it*."[22] He points out how, in Chapter Three, Francis develops what Taylor calls a "philosophical anthropology," a vision of what fully flourishing human life looks like. Taylor quotes the opening sentence of Chapter Three: "human beings are made so that they cannot live, develop, and find fulfillment except in the sincere gift of self to others" (no. 87). This observation emphasizes that mission that focuses on promoting human fraternity is a way of proclaiming the heart of the Gospel, offering a vision of the full human flourishing that living the Gospel makes possible.[23]

Fourth, mission focused on universal fraternity will consider as priorities three concrete practices that Francis highlights in FT. First, service and

---

[22] TAYLOR Charles, "Freedom and Equality". To my mind, *pace* Taylor, what Francis offers is not just a philosophical anthropology, but a properly theological one. The vision of human fullness and flourishing in love that Francis offers is not simply a noble human achievement, but a work of grace, that "is made possible by the charity that God infuses" (92).

[23] As Cardinal Czerny and Fr. Barone remind us, a focus on universal fraternity constitutes for the Church "a path of transmitting and communicating the Gospel" to younger generations and the people of today. Passing on the Gospel can no longer be thought of simply in "informational terms," so to speak, handing on the truths of the faith, but rather, handing on the "relational style," the relational stance, of Christians before the Otherness of the world. Czerny and Barone, 109.

closeness to the poor, the excluded, and our common home. The Church is called to be a "people, a community, constant and tireless in the effort to include, integrate and lift up the fallen" (no. 77).[24] Second, promoting the culture of encounter, the purification of our diseased habits of perception by bringing those who are different together, overcoming fears by actually encountering the Other face to face. In this way, the Church becomes a "Church that serves ... to build bridges, to break down walls, to sow seeds of reconciliation" (no. 276). Third, unceasing prayer, as Francis models in FT, because "without an openness to the Father of all, there will be no solid and stable reasons for an appeal to fraternity" (no. 272). "Reason, by itself ... cannot establish fraternity," (no. 277) Francis quotes his predecessor, Benedict XVI. By making the poor, peace, and prayer its priorities for mission, the Church will not only serve a suffering, divided world, but it will also renew itself, becoming a Church a little closer to the ideal of the beatitudes, and thus, a more credible sign of the Gospel it seeks to proclaim.

Finally, in the light of Pope Francis' encouragement to live fraternity, not only on the macro levels of state and international bodies, but "at the most concrete and local levels," (no. 78) one might ask about how one can live the mission of universal fraternity *within* our religious or ecclesial communities and our Church. In some ways, living fraternity within our communities and our local Church communities might be the most difficult challenge of all. As our former Superior General, Fr. Peter-Hans Kolvenbach put it in his famous letter on Jesuit community life: "Alone we can gratify ourselves with grand ideas and intentions. As soon as we enter into community, we realize our incapacity to love everyone without exception."[25] It is interesting that, in the section on the unity of Christians, Francis distinguishes between strengthening "unity within the Church" and the "journey of encounter between the different Christian confessions" (no. 280). Perhaps, in some ways, it may be easier to deal in a fraternal way with non-Catholic Christians (the latter) than with our fellow Catholics (the former).

On the one hand, Pope Francis insists that one must be "critical" of those in the Church "who feel encouraged or permitted by their faith to support varieties of narrow and violent nationalism, xenophobia and contempt" (no.86). On the other hand, being critical should not degenerate into the

---

[24] It is important to remember that, in *Laudato si'*, Francis insists on the inseparable connection between hearing "the cry of the earth" and the "cry of the poor," (FRANCIS, *Laudato si'*, 49), and, in fact, links the environmental crisis to the lack of "fraternity and beauty in our relationship with the world." (FRANCIS, *Laudato si'*, 12).

[25] KOLVENBACH P.H., "On Community Life".

"networks of verbal violence" (no. 46) that Francis observes among Christians online. Is there a need perhaps to build the "culture of encounter" *within* the church, among those with different theological, pastoral and political emphases, so that we learn to "welcome others who are different and value the unique contribution they have to make" (no. 143)?

Perhaps, it in the context of fraternity within the Church, that we can appreciate Nos. 222 to 224, in which Francis speaks of the importance of recovering the seemingly humble virtue of *kindness*. Far from being a "superficial bourgeois virtue," (no. 224) kindness is one of the fruits of the Holy Spirit mentioned by Paul in the letter to the Galatians. The word that Paul uses, *chrestótes*, describes persons who desire to be supportive of others and to share the weight of their burdens. For Francis, kindness frees us from being cruel to others, makes us more respectful and encouraging in our speech, impels us to help lift each other's burdens. Kindness, in other words, is one of the concrete virtues of fraternity. In difficult and divided times, Francis insists that "we can choose to cultivate kindness" and adds that "those who do so become stars shining in the midst of darkness" (no. 222).

One might ask: What would the Church be like if we had more of those stars of kindness shining among us?

BIBLIOGRAFIA

Annuziata di Gesù, *Charles de Foucauld e l'Islam*, Qiqajon 2005.

Banfi Alessandro, "Adrien Candiard. Il Conto è sempre aperto," Interview on the website of Communione e Liberazione, dated 12.2.2021, https://it.clonline.org/storie/incontri/2021/02/12/adrien-candiard-il-conto-%C3%A8-sempre-aperto.

Cavanaugh William, "Radical Truths," *Commonweal,* (December 2, 2020) https://www.commonwealmagazine.org/radical-truths.

Chatelard Antoine, *St. Charles de Foucauld: Journey to Tamanrasset*, Claretian Publications 2021.

Colzani Gianni, *Conversione,* Assisi: Citadella 2016.

Colzani Gianni, *Teologia della Missione*, Bologna: EDB 2019.

Czerny Michael e Barone Christian, *Fraternità Segno Dei Tempi: il magistero sociale di Papa Francesco,* Città del Vaticano: Libreria Editrice Vaticana 2021.

Dallh Minlib, "Exploration in Mysticism and Religious Encounter: The Case of Charles de Foucauld (1858-1916)," *The Downside Review,* Vol 1 (4) (2020) 133-142.

Francis, *Laudato si', Encyclical Letter on Care for our Common Home*, May 24, 2015.
Hersov Zoe, "A Muslim's View of Charles de Foucauld: Some Lessons for the Christian-Muslim Dialogue," *The Muslim World*, Vol 85 (July-October 1995).
Kasper Walter, "Charles de Foucauld, the Mission in the desert of today," http://www.jesuscaritas.info/jcd/fr/charles-de-foucauld-mission-desert-today.
Kolvenbach Peter-Hans, SJ, "On Community Life," Letter to the Society of Jesus, 12 March 1998.
Pagola Jose Antonio, *Annunciare Dio come Buona Notizia*, Bologna: EDB 2016.
Semararo Michael Davide, *Charles de Foucauld: Esploratore e Profeta di fraternità universale*, San Paolo 2016.
Smith James K.A., *Imagining the Kingdom: How Worship Works*, Grand Rapids: Baker Academic 2013.
Smith James K.A., "Healing the Imagination, Lessons from James Baldwin," *Image* 107, https://imagejournal.org/article/healing-the-imagination-art-lessons-from-james-baldwin/.
Taylor Charles, "Freedom and Equality Aren't Enough: A Primer on *Fratelli Tutti*," *Commonweal*, November 25, 2020, https://www.commonwealmagazine.org/freedom-equality-arent-enough.
Volf Miroslav, *Exclusion and Embrace: A Theological Exploration of Identity, Otherness, and Reconciliation,* Nashville: Abingdon Press 2019.

Le pardon à la rescousse de la fraternité universelle

Adrien Lentiampa Shenge

1. Introduction

L'Encyclique *Fratelli tutti* fait la part belle à la notion de pardon. En effet, le terme «pardon» (ou le verbe dérivé, «pardonner») revient pas moins de trente-deux fois sous la plume du Pape dans cette Encyclique : de son usage comme formule de bienveillance (§ 224) jusqu'à sa présentation comme remède pour la restauration d'une juste fraternité entre les hommes (§ 252). Bien plus, à travers l'analyse de sa valeur et de son sens (§§ 236-254), l'Encyclique offre un petit «traité de pardon» dans lequel elle met en exergue son importante dans la «fraternité sociale», tout en veillant à se départir des mauvaises compréhensions de cette notion et à répondre à quelques possibles objections quant à son intégration dans une réflexion sur la vie en société.

Que la notion de pardon soit si présente dans une encyclique, cela ne devrait pas étonner outre mesure. Car, elle se trouve sur son terrain de prédilection, son champ naturel. En effet, le langage propre au pardon appartient au patrimoine religieux, avec une forte assise dans la tradition abrahamique, incluant le judaïsme, le christianisme et l'islam[1]. Le Christianisme, qui est la religion du pardon par excellence (cf. § 237), a sûrement facilité sa diffusion et sa transmission jusqu'à la culture contemporaine, au point que ce mot est devenu un «idiome universel», faisant partie du vocabulaire courant, même pour ceux qui ne se reconnaissent en aucune croyance religieuse. L'étymologie tardive du mot (pour les langues latines, à l'époque médiévale) constitue une preuve irréfutable du rôle joué par le christianisme dans l'intériorisation de cette notion.

---

[1] cf. J. Derrida, «Le siècle et le Pardon», 104. Ailleurs, Derrida parlera des «limites anthropo-théologiques» traditionnelles de la question du pardon (cf. J. Derrida, *Pardonner*, 26). On notera aussi que, déjà, Hegel, dans sa *Phénoménologie de l'esprit*, situe la question du pardon dans la section traitant de la «religion manifeste» qu'il définit comme «le mouvement de l'esprit certain de lui-même qui *pardonne* au Mal, et se départit en cela dans le même temps de sa propre simplicité et de sa dure inflexibilité» (G.W.F. Hegel, *Phénoménologie de l'esprit*, 738).

L'ancrage naturel de la notion de pardon dans le sillage du religieux conduit à se demander si elle peut aussi trouver hospitalité dans la philosophie, quand celle-ci se veut en conformité avec la « raison pure »[2]. Bien plus, certains courants philosophiques, comme le stoïcisme[3], ont toujours regardé avec méfiance toute promotion du pardon, dans la mesure où ce dernier serait rangé dans le domaine des passions.

Toutefois, l'Encyclique *Fratelli tutti*, en situant la question du pardon dans son rapport avec la question de conflit, facilite l'insertion du philosophe dans le débat, avec ses armes propres, la problématique de la violence (dont le conflit constitue la conséquence) ne lui étant pas étrangère. Il reste que, comme l'a fait remarquer Paul Ricœur, ici comme ailleurs, « la contribution d'un philosophe [est] celle d'un analyste, soucieux d'apporter un éclaircissement conceptuel, d'aider à reconnaitre les enjeux et à distinguer les finalités »[4].

Au-delà du binôme « violence et pardon », mon propos est de comprendre comment le pardon peut permettre à la fraternité à laquelle nous invite le Pape dans cette Encyclique de se déployer et de prendre toute son envergure. En un mot, il s'agit de porter au grand jour la manière dont les notions de fraternité et de pardon s'éclairent mutuellement.

2. La violence et le pardon dans *Fratelli tutti*

Si l'Encyclique *Fratelli tutti* « invite à un amour qui surmonte les barrières de la géographie et de l'espace » (§ 1), c'est parce que le Pape fait le constat amer d'un monde marqué par des divisions de toutes sortes, signes de fermeture sur soi, et ferments des violences fratricides. Aussi se fait-il fort de dénoncer les « manières diverses et actuelles d'éliminer ou d'ignorer les autres » (§ 6) qui caractérisent notre monde et qui « entravent la promotion de la fraternité universelle » (§ 9).

Le premier chapitre de l'Encyclique fait état, de manière non exhaustive, de ces diverses distorsions du monde actuel ; distorsions qui consti-

---

[2] On se souviendra de la conclusion à laquelle est parvenue Bernard Rousset sur la question, en référence au kantisme. Il soutient, en effet, que le pardon « est impossible à qui veut penser, vivre et agir rationnellement, objectivement, avec cohérence et rigueur : le philosophe ne se venge pas, mais ne peut pas pardonner » (B. ROUSSET, « La possibilité philosophique du pardon », 196). Lire aussi G. BENSUSSAN, « Le pardon entre l'oubli et le partage », 407-408.

[3] Nous pensons, par exemple, à Sénèque pour qui « pardonner, c'est avouer que l'on a sacrifié une partie de son devoir » (SÉNÈQUE, *De la clémence*, Livre II, VII) ; ou encore, « La compassion est une impression maladive à l'aspect des misères d'autrui, ou un chagrin qu'on éprouve à l'idée qu'elles ne sont pas méritées. Or la maladie morale n'atteint point le sage : son âme est toute sereine, et aucun nuage ne peut l'obscurcir » (SÉNÈQUE, *De la clémence*, Livre II, V).

[4] P. RICŒUR, *Le Juste*, 193.

tuent autant d'« ombres d'un monde fermé » et qui rendent difficile la promotion de la fraternité entre les hommes.

En premier lieu, le Pape relève le recul de divers projets d'intégration régionale, notamment en Europe et en Amérique latine. Alors qu'il y a encore quelques années, on rêvait des regroupements régionaux plus forts et plus harmonieux – signes d'une entente mutuelle des peuples et des nations –, on assiste aujourd'hui à la montée du nationalisme et du protectionnisme dans ces régions comme partout ailleurs. Bien plus, « des conflits anachroniques considérés comme dépassés s'enflamment » (§ 11) de nouveau çà et là, redonnant corps à certains ressentiments du passé. Autant dire que le rêve d'un monde plus uni et plus ouvert s'étiole, et la mobilisation d'énergies pour plus d'intégration entre les peuples s'estompe.

A la place, le Pape constate que l'appel à « "s'ouvrir au monde" […] se rapporte [aujourd'hui] exclusivement à l'ouverture aux intérêts étrangers ou à la liberté des pouvoirs économiques d'investir sans entraves ni complications dans tous les pays » (§ 12). On dirait que, dans notre monde, l'économie revendique seule le statut du langage universel. Or, nous le savons, ce langage, promu par la mondialisation économique, ne favorise en rien le dialogue et l'entraide entre les hommes, et ne participe pas à la fraternisation de notre monde, puisqu'elle s'accompagne de la marginalisation d'une bonne partie de l'humanité. La Pape François rejoint ici son prédécesseur, Benoît XVI, qui, dans son emblématique Lettre encyclique, *Caritas in veritate*, faisait remarquer que notre « société toujours plus mondialisée nous rapproche, mais elle ne nous rend pas frères »[5].

L'économie mondialisée, tel qu'elle fonctionne aujourd'hui, constitue ainsi un signe de la défragmentation et de la déshumanisation de notre monde ; car elle ne contribue pas à la prise en compte du bien de l'autre. N'est-ce pas que cette mondialisation, basée essentiellement sur la logique du capitalisme à outrance, « se fonde sur la conception de l'individualité comme valeur suprême dans le domaine économico-politique »[6] ? Or, « la notion d'individu […] a un fond de négativité : elle se spécifie toujours en opposition aux autres. Elle met en évidence ce qui différencie et donc sépare les éléments d'une classe, en bannissant tout ce qui les rassemble, les unit dans cette classe »[7]. C'est pourquoi considérer l'homme uniquement sous le seul angle de l'individualité conduit inévitablement à son enfermement sur soi : l'affirmation marquée de l'unicité que suppose la notion d'individu refuse qu'il y ait, en son sein, de place pour l'altérité.

---

[5] BENOÎT XVI, *Caritas in veritate*, 19.
[6] A. LENTIAMPA SHENGE, « De l'ère de l'individu à l'ère de la personne », 837.
[7] A. LENTIAMPA SHENGE, « De l'ère de l'individu à l'ère de la personne », 838.

On peut donc conclure que la mondialisation économique promeut davantage l'idée du sujet basée essentiellement sur ce que Paul Ricœur a appelé «identité-idem»[8], correspondant à la «mêmeté» levinassienne réfractaire à l'altérité[9]. Or, ignorer l'autre, c'est ouvrir «la possibilité permanente de la guerre»[10].

Ce n'est donc pas un hasard si le libéralisme dominant, qui ne reconnait comme principe de collaboration que la «loi du marché», n'a d'autre principe d'action que «la concurrence». Mais ce faisant, il installe une permanente compétition entre les hommes. Et une telle situation de compétition constante peut, à chaque instant, tourner à la tension et au conflit. Autant dire qu'un tel contexte de compétition constante ne contribue pas nécessairement au vivre ensemble harmonieux[11].

Bien plus, l'économie mondialisée, portée par le libéralisme à outrance, réduit l'homme, au mieux, au statut de producteur des biens (de main-d'œuvre) ; mais, plus souvent, au seul statut de consommateur. Pour l'économiste libéral, l'homme ne vaut que s'il présente quelque utilité commerciale ou économique. On en arrive ainsi à ne considérer l'homme que selon son rendement ou son intérêt commercial. Par conséquent, «les relations des hommes entre eux deviennent subordonnées aux relations des hommes avec les choses [marchandises], et en viennent même à se confondre avec elles»[12].

Une telle économie, qui conduit à chosifier l'humain et à le rendre interchangeable, instaure un régime permanent de violence. Car, comme l'a fait remarquer Levinas, «la violence ne consiste pas tant à blesser et à anéantir, qu'à interrompre la continuité des personnes, à leur faire jouer des rôles où elles ne se retrouvent plus, à leur faire trahir, non seulement des engagements, mais leur propre substance, à faire accomplir des actes qui vont détruire toute possibilité d'acte»[13]. Autant dire qu'il y a violence chaque fois que «les personnes ne sont plus perçues comme une valeur fondamentale à respecter et à protéger, surtout celles qui sont pauvres» (§ 18).

La violence issue de l'économie ne touche pas seulement des individus. En effet, la recherche effrénée du profit conduit souvent «les puissances économiques transnationales […] à "diviser pour régner"». C'est ainsi que «les conflits locaux […] sont instrumentalisés par l'économie mondiale» (§ 12). Pour s'en convaincre, il suffirait d'analyser les différentes

---

[8] Cf. P. Ricœur, *Soi-même comme un autre*, 12.
[9] Cf. E Levinas, *Totalité et Infini*, 43.
[10] E Levinas, *Totalité et Infini*, 5.
[11] Cf. A. Lentiampa Shenge, «De l'ère de l'individu à l'ère de la personne», 838.
[12] J.P. Dupuy, «L'individu libéral, cet inconnu», 85.
[13] E Levinas, *Totalité et Infini*, 6.

guerres qui endeuillent plusieurs coins d'un continent comme l'Afrique, et qui favorisent l'exploitation illicite des minerais des pays pauvres. Cette même politique de division est menée par certains leaders qui s'adonnent à « exaspérer, exacerber et polariser » les populations sur base des idéologies douteuses. Ainsi, la politique, qui devrait unir et pacifier – et, ainsi, promouvoir la fraternité entre les citoyens –, devient source de violence et de conflit (cf. § 15).

Nous nous trouvons ainsi en présence d'une violence qui se dirige des puissants vers les faibles, des riches vers les pauvres, souvent sans que cela n'émeuve personne. Le système mondial, axé essentiellement sur la puissance économique et politico-militaire, fait que la même violence, la même injustice qui ferait scandale lorsqu'elle toucherait quelqu'un issu du groupe des dominants, passe inaperçu lorsqu'il s'agit des personnes marginalisées. On dirait que « les droits ne sont pas les mêmes pour tout le monde » (§ 22). Quoi d'étonnant donc que, alors qu'on le pensait à jamais derrière nous, de nouvelles formes d'esclavagisme resurgissent ci-et-là, de manière parfois sournoise (cf. § 24) ?

De ce tableau noir, où la violence s'installe dans tous les secteurs de la vie en société, naissent les rancœurs et les ressentiments mettant en mal le « vivre ensemble » et la fraternité universelle. En effet, « ce qui tombe en ruine dans toute [violence], c'est "le projet même de fraternité inscrit dans la vocation de la famille humaine" » (§ 26). On comprend, dès lors, que, pour rétablir cette fraternité, l'Encyclique explore différents parcours qui favorisent la promotion de la fraternité sociale.

Précisons tout de suite qu'il n'est pas question de confondre « fraternité universelle » et « l'homogénéisation de la société ». Il ne s'agit donc pas de promouvoir une manière identité d'être ou de penser, ni même de nier la possibilité de conflit dans la société. Ce que promeut *Fratelli tutti*, c'est plutôt la une recherche commune de la paix et de la concorde entre les peuples. Une telle recherche implique une diversité d'approches, pourvu que chacun vise une « société fondée sur le service des autres plus que sur la domination, une société fondée sur le partage avec les autres de ce que l'on possède plus que sur la lutte égoïste de chacun pour accumuler le plus de richesse possible »[14].

C'est dans ce cadre qu'intervient le septième chapitre de l'Encyclique, qui explore les divers « parcours pour se retrouver » en société. Le pardon y est plébiscité, à côté de la justice et de la solidarité, comme voie par excellence pour atteindre la fraternité dans un contexte dominé par la violence et

---

[14] Conférence des Évêques d'Afrique du Sud, *Pastoral Letter on Christian Hope in the Current Crisis* (mai 1986), cité par le Pape François, *Encyclique Fratelli tutti*, 229.

le conflit. Il intervient comme remède ultime aux frustrations causées par tant de violences et d'injustices.

3. *Fratelli tutti* et la voie apophatique du pardon

L'analyse du pardon dans l'Encyclique *Fratelli tutti* a une allure plutôt « apophatique » – déterminant surtout « ce que n'est pas le pardon » – que péremptoire. Par exemple, on ne trouve nulle part dans ce document une définition explicite du terme « pardon », ou même une tentative d'ébauche d'une telle définition. Par contre, les paragraphes consacrés à la « valeur et au sens du pardon (§§ 236-254) sont remplis d'opposition et de disjonction : opposition entre pardon et négation de tout conflit ; disjonction entre pardon et consécration de l'impunité ; différence entre pardon et oubli, etc.

Et quand l'exposé de la valeur et du sens du pardon prend une allure assertive, c'est, non pas pour dire ce qu'est directement le pardon, mais pour mettre en évidence ses *effets* sur les actions ou les luttes humaines. Il en est ainsi lorsque, parlant de la nécessité de la lutte contre l'injustice et l'exigence pour la justice, le Pape affirme que « l'essentiel, c'est de ne pas le faire pour nourrir une colère qui nuit à notre âme et à l'âme de notre peuple, ou par un besoin pathologique de détruire l'autre qui déclenche une course à la vengeance » (§ 242). Plus loin, il ajoutera : « Le pardon, c'est précisément ce qui *permet* de rechercher la justice sans tomber dans le cercle vicieux de la vengeance ni dans l'injustice de l'oubli » (§ 250). Nous souligner le verbe « permettre » employé dans cette dernière citation pour montrer qu'il s'agit de ce dire ce que « permet », ce à quoi conduit le pardon, sans dire directement ce qu'il est. On dirait, donc, que le pardon ne se dit véritablement qu'en se montrant dans ses effets[15].

Pour justifier le privilège accordé à la voie « apophatique » dans l'approche du pardon, l'Encyclique indique qu'une telle voie offre le bénéfice d'écarter tout risque de mécompréhension de cette notion, et donc d'éviter toute dévalorisation de sa promotion. En effet, il y a bien « risque [...] de ne pas comprendre convenablement les convictions des croyants [au sujet du pardon] et de les présenter de telle sorte qu'elles finissent par alimenter le fatalisme, l'inertie ou l'injustice, ou alors l'intolérance et la violence » (§ 237).

Plus profondément, la voie négative choisie, en premier lieu, par le Pape dans cette Encyclique pour dire le pardon est appelée par la nature, l'essence même du pardon, qui dépasse, en soi, toute intellection, toute compréhension[16]. L'intelligence du pardon relève, en vérité, de la voie de l'éminence,

---

[15] Nous reviendrons sur le pourquoi de la manifestation du pardon par ses effets.
[16] Cf. V. Jankélévitch, *Le pardon*, 79-84, 90-91.

qui va au-delà de nos catégories noétiques habituelles. Son discours n'est pas un descriptif ou analytique, mais un dire créateur ; son discours est un « dire » (et non un « dit ») à même de se déployer indéfiniment. En ce sens, c'est un discours qui correspond souvent à un non-discours, puisque nous dépassant de tout côté, et n'étant pas de notre ressort. On comprend, dès lors, que Ricœur[17] ait placé le discours du pardon dans la même famille que celui de l'amour. Il est discours de l'éloge et de la célébration ; il est hymne. C'est justement parce qu'il est hymne qu'il est poétique – et non pas prose –, créateur, divin. Il est commencement, principe, affirmation originaire. C'est un discours du genre : « Il dit, il en fut ainsi ! ». Aussi, convient-il plutôt de dire : « il y a, *es gibt, there is*... le pardon – l'article "le" désignant l'illéité. Car l'hymne n'a pas besoin de dire qui pardonne et à qui[18]. Il y a le pardon comme il y a la joie, comme il y a la sagesse, la folie, l'amour. L'amour précisément »[19]. L'amour n'est-il pas l'autre nom de Dieu ? Le pardon l'est aussi : Dieu est amour, Dieu est miséricordieux, Dieu est pardon... Le pardon manifeste et reflète l'immensité de Dieu (cf. § 237).

En ce sens, le scandale des scribes et les pharisiens, au cinquième chapitre de l'évangile selon saint Luc, face au pardon des péchés accordé au paralytique par Jésus, n'était pas seulement dû à leur mauvaise foi. Lorsqu'ils se demandent : « qui donc peut pardonner les péchés, sinon Dieu seul ? » (Luc 5, 21), ils reconnaissent que la puissance du pardon relève uniquement de Dieu. Le questionnement de ces pharisiens et scribe constitue donc, comme en creux, une certaine reconnaissance et une proclamation de la divinité de Jésus. En effet, « la seule instance où se [jouet] le pardon est celle du face à face avec Dieu – car Dieu seul peut pardonner ou ne pas pardonner »[20].

C'est justement pour cela que, comme nous l'avons indiqué dès le début, son domaine naturel est la religion : le pardon se pose et se comprend d'*abord* dans le rapport du croyant avec Dieu. C'est donc dans le domaine du religieux que le concept du pardon déploie son sens ultime, à savoir, dans la relation entre Dieu et l'homme (ou la femme) pécheur. Car, Dieu – seul à pouvoir sonder le fond de nos cœurs et de nos pensées –, est l'unique à pouvoir juger en toute vérité nos actes et scruter nos pensées ; et, par conséquent, l'unique à pouvoir absoudre nos péchés en connais-

---

[17] Cf. P. Ricœur, *La mémoire, l'histoire, l'oubli*, 604-605.

[18] On comprend mieux ce que veut dire Ricœur lorsqu'il affirme dans l'hymne, le seul discours approprié au pardon, il n'est pas besoin de dire qui pardonne et à qui. En effet, il ne peut y avoir de doute là-dessus, le pardon allant toujours de Dieu vers le pécheur.

[19] P. Ricœur, *La mémoire, l'histoire, l'oubli*, 604-605.

[20] G. Bensussan, « Le pardon entre l'oubli et le partage », 417.

sance de cause. Le pardon, considéré sur son terrain religieux, place ainsi l'homme (dans sa singularité) devant Dieu. On comprend dès lors que Franz Rosenzweig ait situé le pardon parmi « les besoins de l'*homme seul* »[21] ; dans la mesure où « toute faute, même la faute apaisée et excusée devant les hommes, est faute devant Dieu, faute de l'*homme solitaire* »[22].

Le risque d'édulcoration est toujours réel lorsqu'on essaye d'appliquer aux affaires humaines une catégorie d'origine religieuse. C'est ainsi que le Pape commence par affirmer que promouvoir le pardon ne signifie pas naïveté en ce qui concerne le fonctionnement de toute société humaine. Car, en réalité, aucune société humaine ne peut totalement être épargnée des conflits. Les conflits constituent un fait inéluctable de toute vie en société. En effet, « au sein de tout groupe humain, il y a des luttes de pouvoir plus ou moins subtiles entre différents secteurs ». Par conséquent « le conflit, la violence et les ruptures font partie du fonctionnement normal d'une société » (§ 236). D'ailleurs, comme nous le verrons par la suite, le pardon n'intervient que là où le conflit s'est déjà transformé en violence et en offense[23].

Dans le même ordre d'idée, le pape refuse que l'on confonde le pardon et l'acceptation de l'injustice ou le renoncement de ses droits et, donc, en quelque sorte, avec la consécration de l'oppresseur. Pour le Pape, pardonner ne revient pas à « accepter que [l'oppresseur] continue d'asservir, ce n'est pas non plus lui faire penser que ce qu'il fait est admissible » (§ 241). Par conséquent, « il ne s'agit pas de proposer un pardon en renonçant à ses droits devant un puissant corrompu, devant un criminel ou devant quelqu'un qui dégrade notre dignité » (§ 241). Aussi, dans l'engagement pour la promotion de la fraternité universelle, le pardon ne peut-il signifier l'affranchissement de l'obligation de la lutte contre l'injustice ou de la nécessité à exiger la justice devant les faits historiques déplorables. Comme l'affirme l'Encyclique, « le pardon non seulement n'annule pas cette nécessité, mais l'exige » (§ 241).

Le Pape insiste surtout pour qu'il n'y ait pas confusion entre pardon et oubli : « le pardon n'implique pas l'oubli » (§ 250), affirme-t-il, sans ambages. En effet, l'oubli et le pardon « relèvent chacun d'une problématique distincte : pour l'oubli celle de la mémoire et de la fidélité au passé ; pour le pardon, celle de la culpabilité et de la réconciliation avec le passé »[24]. S'il est vrai que leurs itinéraires se croisent en l'horizon de la mémoire[25],

---

[21] F. Rosenzweig, *L'étoile de la rédemption*, 329. Nous soulignons.
[22] F. Rosenzweig, *L'étoile de la rédemption*, 456. Nous soulignons.
[23] Cf. J. Derrida, « Le Siècle et le Pardon », 114.
[24] P. Ricœur, *La mémoire, l'histoire, l'oubli*, 536.
[25] Cf. P. Ricœur, *La mémoire, l'histoire, l'oubli*, 536.

il faut reconnaître que l'un (l'oubli) ne permet que de tranquilliser la mémoire, par l'action anesthésiante du temps, alors que l'autre (le pardon) la vivifie, en faisant d'elle un allié pour un avenir meilleur. Ainsi, bien que sa sphère d'action est le passé (en tant qu'il cherche à toucher la culpabilité, et donc un mal déjà consommé), la véritable essence du pardon, sa mission originaire, est d'ouvrir un nouvel avenir, de nouveaux espaces. C'est d'ailleurs pour cela que Hannah Arendt voyait dans le pardon « la rédemption possible de l'irréversibilité »[26] propre à l'action : en tant qu'il ouvre au coupable de nouvelles perspectives, en le libérant de l'ancrage passé de son action. Malgré son lien avec le passé, le pardon a donc le regard essentiellement tourné vers l'avenir, là où l'oubli est antinomique au futur. Aussi, peut-on « parler longuement de l'oubli sans évoquer […] la problématique du pardon »[27]. Toute confusion entre les deux est donc impertinente.

Quand donc le Pape affirme que « pardon n'implique pas l'oubli », il veut signifier que le pardon ne doit jamais être considéré comme un simple résultant de l'inexorable écoulement du temps. L'irrésistible devenir du monde ne conduit qu'à l'usure progressive des souvenirs. Il ne produit qu'amnésie, dans la mesure où, « au fur et à mesure que la conscience sur la route du temps s'éloigne de son passé, l'écho de ce passé s'atténue de plus en plus »[28]. Or, « la temporalité ne peut nihiliser le fait d'avoir fait »[29]. Quand bien même son écho s'éloignerait petit à petit de la conscience, le fait restera un fait ; et le temps, qui n'a pas une signification morale, est incapable de donner sens au fait d'avoir fait, au fait d'avoir été. L'usure du temps ne peut donc pas faire que le fait ne soit pas advenu. Comme on dit, « les faits sont têtus ». C'est pourquoi le Pape invite à ne pas « céder à la tentation de tourner la page [des horreurs du passé] en disant que beaucoup de temps est passé et qu'il faut regarder en avant » ; car, il est convaincu qu'« on progresse jamais sans mémoire, on n'évolue pas sans une mémoire complète et lumineuse » (§ 249).

Il faut dire que l'amnésie, à laquelle conduit l'usure du temps, peut amener à l'endormissement de la conscience face à son devoir moralisateur de l'histoire. D'où l'insistance du Pape pour que l'on garde vive la mémoire, non seulement des horreurs du passé, mais aussi « de ceux qui, dans un contexte malsain et corrompu, ont été capables de retrouver la dignité et, par de petits ou grands gestes, ont fait le choix de la solidarité, du pardon, de la fraternité » (§ 249).

---

[26] H. ARENDT, *Condition de l'homme moderne*, 302.
[27] P. RICŒUR, *La mémoire, l'histoire, l'oubli*, 537.
[28] V. JANKÉLÉVITCH, *Le pardon*, 33.
[29] V. JANKÉLÉVITCH, *Le pardon*, 58.

Ainsi, le thème de la mémoire se retrouve intimement lié, de manière positive, à celui du pardon. Car, contrairement à l'oubli qui l'endort en l'anesthésiant, le pardon, en réveillant la conscience, apaise la mémoire, voire la rende heureuse[30].

On comprend, dès lors, pourquoi l'Encyclique place la question de la vérité au seuil de tout discours sur les possibles « parcours pour se retrouver »[31]. Le Pape signifie, par-là, qu'aucun « vivre-ensemble » n'est authentique s'il n'est pas basé sur la vérité. Bien plus, il fait de la vérité « une compagne indissociable de la justice et de la miséricorde […], toutes les trois [étant] essentielles pour la construction de la paix et […] chacune d'elle [empêchant] que les autres soient altérées » (§ 227). Par le fait même, l'Encyclique constitue la vérité comme le préalable de tout discours sur le pardon.

Il s'agit, avant toute chose, d'accepter de faire la vérité sur la situation de violence et d'injustice, de reconnaitre le dysfonctionnement actuel de notre monde, et de son système économique, ainsi que ses conséquences néfastes sur une bonne partie de l'humanité. En effet, celui qui a souffert « a le droit de savoir ce qui s'est passé », dans la mesure où la « mémoire pénitentielle » suppose la capacité « d'assumer le passé pour libérer l'avenir de ses insatisfactions », dans la mesure où « se retrouver ne signifie pas retourner à un moment antérieur aux conflits » (§ 226), sans aucune contrepartie, comme si rien ne s'était passé.

En définitive, l'Encyclique *Fratelli tutti* montre clairement que pardonner n'équivaut pas à une lâcheté ou à une dérobade devant ses responsabilités face aux injustices. Le pardon n'absout pas de l'exigence de justice et ne promeut pas l'impunité. Il ne se confond nullement avec quelques catégories juridiques[32], quelle qu'elle soit : il n'est comparable ni à la réhabilitation juridique[33], ni à l'amnistie, ni à la prescription. Il ne signifie pas davantage un « oubli programmé » comme l'obsolescence d'un produit, puisqu'il n'a rien à voir avec l'usure du temps. Pardonner ne signifie pas non plus escamotage de la vérité. Au contraire, le pardon demande à faire la vérité, et donne à celle-ci tout son sens, comme le fait l'amour. Car, seul le pardon peut regarder la vérité des faits en face, sans que celle-ci

---

[30] Cf. P. Ricœur, *La mémoire, l'histoire, l'oubli*, 643-646.

[31] Rappelons que « parcours pour se retrouver » est le titre du septième chapitre de l'Encyclique *Fratelli tutti* ; chapitre dans lequel se trouve le petit « traité sur le pardon ».

[32] En effet, comme l'affirme Derrida affirme, « le pardon excède la logique pénale, il est étranger à tout l'espace juridique (J. Derrida, *Pardonner*, 18).

[33] Rappelons que les juristes entendent par réhabilitation « le rétablissement d'une personne dans la plénitude de ses droits, [rétablissement] intervenant après l'exécution d'une partie ou de la totalité de la peine ou pour un motif qui justifie l'effacement des déchéances » (G. Cornu, *Vocabulaire juridique*, 743).

devienne source de violence : lui seul peut révéler les limites de la vérité crue, dans la mesure, il met le sceau de l'inachèvement à toute entreprise humaine[34], même celle de la recherche de vérité.

4. La logique du pardon

Si, comme nous venons de le voir, *Fratelli tutti* suit amplement la voie apophatique pour dire le pardon, la voie d'éminence n'y est pas totalement absente. Comment pouvait-il en être autrement, lorsque l'on sait que la voie négative, à elle seule, ne peut satisfaire l'esprit humain désireux de connaitre ? La voie négative ne peut donc être le dernier mot dans la recherche humaine : elle doit, à la fin, céder le pas à la voie de transcendance. Ainsi, là où la voie apophatique posait que l'on ne rien prédiquer positivement, la voie d'éminence (dite aussi « voie de transcendance ») vient établir que le prédicat nié doit être exhaussé, car éminemment accompli[35]. C'est ainsi que, en ce qui concerne Dieu, Maître Eckart disait : « Nous n'affirmons rien et nous ne nions rien, car la Cause unique est au-delà de toute affirmation, et la transcendance est au-delà de toute négation »[36].

Nous retrouvons aussi, d'une certaine manière, une telle dialectique dans l'Encyclique *Fratelli tutti* en ce qui concerne le discours sur le pardon. C'est le paragraphe 250 qui déploie dialectique :

> Lorsqu'il y a quelque chose qui ne peut, en aucune manière, être nié, relativisé ou dissimulé, il est cependant possible de pardonner. Lorsqu'il y a quelque chose qui ne doit jamais être toléré, justifié, ou excusé, il est cependant possible de pardonner. Quand il y a quelque chose que pour aucune raison nous ne pouvons nous permettre d'oublier, nous pouvons cependant pardonner (…). Si le pardon est gratuit, alors on peut pardonner même à quelqu'un qui résiste au repentir et qui est incapable de demander pardon.

Reprenant tous les acquis de la voie apophatique (qui nous rappelle que le pardon n'est ni lâcheté, ni tolérance, ni même oubli), ce paragraphe révèle que le pardon va plus loin de ce qui est nié. Ainsi, si pardonner ne signifier par renoncer à ses droits ou à sa dignité, il opère plus que cela, puisque pardon regarde au-delà de la malice de l'oppresseur en trouvant en lui une personne digne d'amour. Si pardonner n'équivaut pas à abandonner l'exigence de la justice, le pardon va plus loin que la justice, car il fait ce que celle-ci ne peut pas faire, en l'occurrence, réconcilier les personnes et les cœurs. De même, le pardon, qui ne nie pas la possibilité de conflit,

---

[34] Cf. P. Ricœur, *La mémoire, l'histoire, l'oubli*, 593.
[35] Cf. Thomas d'Aquin, *Somme contre les gentils*, I, 14.
[36] Maître Eckart, *Sermon All^d*. 9., DW I, 148.

le dépasse par « le dialogue et la négociation transparente, sincère et patiente » (§ 244). Pardonner, qui ne signifie pas oublier, ouvre les nouvelles perspectives à la mémoire, pour qu'elle demeure productive des actes de vie. Le pardon, tout en s'opposant à l'usure du temps, va plus loin que l'irréversibilité de l'action, puisqu'il est capable de lui donner un nouvel élan.

De la dialectique entre la négation et la voie d'éminence que regorge le paragraphe 250 de l'Encyclique *Fratelli tutti*, on devra aussi souligner la dissociation instaurée entre le pardon et tout intellectualisme ou, mieux, tout « intellectionnisme »[37] : le pardon n'est ni excuse, ni justification, ni même l'indulgence – toutes ces catégories relevant plutôt de la pure « intellection », de la pure « compréhension », qui cherche à trouver des raisons cachées d'une action à même de lui donner sens et de la justifier. Trouver des « raisons cachées » d'une action ne conduit qu'à la justifier, à l'excuser ; c'est-à-dire à éclairer la zone obscure qui couvrait l'acte. Ainsi, lorsqu'on comprend les raisons d'une action, celle-ci perd son caractère du mal « absolu », puisqu'on lui trouve dorénavant des « circonstances atténuantes ». En ce sens, comprendre ne consiste, en réalité, qu'à excuser[38]. Le pardon, lui, se joue là où il n'y a rien de compréhensible. Bien plus, il « peut réparer ce que le logos, laissé à lui-même et à son implacable rigueur, empêche ou entrave »[39]. Comme le dit, justement, Vladimir Jankélévitch, « l'excuse motivée n'excuse que l'excusable ; le pardon immotivé pardonne l'inexcusable : c'est là sa fonction propre. Car l'inexcusable justement n'est pas impardonnable ; et l'incompréhensible non plus n'est pas impardonnable ! »[40]. Et Jankélévitch de poursuivre :

> Quand un crime ne peut être ni justifié, ni expliqué, ni même compris, quand, tout ce qui pouvait être compris ayant été compris, l'atrocité de ce crime et l'évidence accablante de cette responsabilité éclatent à tous les yeux, quand l'atrocité n'a ni circonstances atténuantes ni excuses d'aucune sorte, quand tout espoir de régénération doit être abandonné, alors il n'y a plus rien d'autre à faire qu'à pardonner : c'est, en désespoir de cause, le suprême recours et la grâce ultimes ; c'est, en dernière instance, la seule et unique chose qui reste à faire. Nous atteignons ici aux confins eschatologiques de l'irrationnel[41].

---

[37] Nous suivons ici Vladimir Jankélévitch, qui établit une différence entre l'intellectualisme – la philosophie de l'intellect – et l'« intellectionnisme », qui est une philosophie de l'intellection pénétrante – capable de découvrir les « raisons cachées » de l'action humaine, et qui fonde son indulgence sur la culpabilité de l'homme dans le fait qu'il est toujours possible de trouver une « raison » à son mal-agir (cf. V. JANKÉLÉVITCH, *Le pardon*, 79).
[38] Cf. V. JANKÉLÉVITCH, *Le pardon*, 122.
[39] G. BENSUSSAN, « Le pardon entre oubli et partage », 408.
[40] V. JANKÉLÉVITCH, *Le pardon*, 139.
[41] V. JANKÉLÉVITCH, *Le pardon*, 139.

Si nous avons cité ce passage du livre de Jankélévitch, vieux de plus de cinquante-cinq ans, c'est pour établir sa forte similitude avec l'extrait du paragraphe 250 de l'Encyclique *Fratelli tutti* à partir duquel nous avons fondé la dialectique entre la voie apophatique et celle d'éminence donnant lieu à une véritable hyperbole du pardon. On retrouve la même similitude entre cet extrait et certaines affirmations de Jacques Derrida, notamment dans ses deux petits ouvrages traitant de la problématique du pardon, à savoir, *Pardonner. L'impardonnable et l'imprescriptible*, et *Le Siècle et le Pardon*. Cela est particulièrement vrai pour la dernière affirmation de notre extrait du paragraphe 250 de *Fratelli tutti*, qui stipule que « si le pardon est gratuit, alors on peut pardonner même à quelqu'un qui résiste au repentir et qui est incapable de demander pardon ». En effet, cette affirmation ressemble et rejoint celle d'une conférence de Derrida tenue en 1997 :

> Il y a dans le pardon, dans le sens même du pardon, une force, un désir, un élan, un mouvement, un appel (nommez cela comme vous voudrez) qui exigent que le pardon soit accordé, s'il peut l'être, même à quelqu'un qui ne le demande pas, qui ne se repent ni ne se confesse, ni ne s'améliore ou ne se rachète : par-delà, par conséquent, toute **économie** identificatoire, spirituelle, sublime ou non, par-delà même toute expiation[42].

Il y a d'abord une raison purement anthropologique dans la disjonction entre l'octroi du pardon et l'aveu ou même au repentir : c'est le fait que le pardon s'adresse, non pas à l'homme dont le repentir ou l'aveu ont ramené sur le bon chemin ou aux bons sentiments (et donc à un homme meilleur que le coupable), mais bien au coupable en tant que tel[43].

Mais, plus profondément, faire du repentir, de l'aveu ou même de la demande du pardon un préalable, une condition du pardon, ce serait vider celui-ci de sa gratuité et de son imprévisibilité. Pire encore, ce serait en faire une contrepartie de l'octroi du pardon. Ce qui ferait que celui qui aurait rempli ces préalables serait en droit d'attendre en retour de recevoir le pardon. Le pardon deviendrait ainsi un droit pour celui qui fait l'aveu de sa faute et se repent.

L'asymétrie qu'instaure la dialectique de la voie apophatique et celle d'éminence permet donc de montrer que le pardon ne répond pas à la logique de la rétribution. La gratuité qui lui est intrinsèque le situe dans la logique de la surabondance, de l'excessif, de la démesure. Ici encore, Derrida peut nous venir en aide, lui qui affirme que « c'est seulement […] à la mesure *sans mesure* […], à la monstruosité d'un mal radical que le pardon,

---

[42] J. Derrida, *Pardonner*, 24.
[43] Cf. J. Derrida, « Le Siècle et le Pardon », 110.

s'il y en a, se mesure »[44]. Et si, dans le pardon, il y a quelque don, il faut bien reconnaitre qu'il s'agit d'un don qui établirait une certaine réciprocité ; il ne s'agit pas d'un don qui en appellerait pas à un contre-don. Le pardon est un don qui va au-delà de tout don.

La logique de surabondance que gouverne la notion du pardon est présente jusqu'à son étymologie. Ainsi, dans la plupart des langues européennes, le verbe « pardonner » se construit à partir du verbe « donner » ; et le substantif « pardon » dérive du « don ». Ainsi, de même qu'en français on dit « par*don* », l'espagnol dit, « par*dón* », le portugais, « par*dõa* », l'anglais, « for*giveness* », et l'allemand, « Ver*gebung* ». La construction du mot pardon dans toutes ces langues, tout en indiquant la présence de l'idée de don dans le pardon, suggère clairement que le « pardon » n'équivaut pas à un simple « don ». Les préfixes « par- », « for- » ou « Ver- » (selon la langue) indiquent clairement que dans le pardon, il est question d'un don qui sort de l'ordinaire, un don extraordinaire, car allant au-delà de toute mesure. Ces préfixes transmettent donc l'idée d'une surabondance ; l'idée d'une gratuité absolue, sans un agenda caché.

L'inscription du pardon dans la logique de la surabondance indique clairement que le pardon, puisqu'excessif, est de l'ordre de l'exception et de l'extraordinaire. C'est pourquoi, nous devons toujours gardé présente cette affirmation de Derrida : « le pardon n'est, il ne *devrait être* ni normal, ni normatif, ni normalisant. Il *devrait* rester exceptionnel et extraordinaire, à l'épreuve de l'impossible : comme s'il interrompait le cours ordinaire de la temporalité historique »[45].

5. La fraternite universelle à la lumière de la logique du pardon

La logique de la surabondance qui préside à l'intelligence du pardon aide à mieux comprendre le fondement de la fraternité universelle à laquelle invite l'Encyclique *Fratelli tutti*. Car, comme l'a bien compris Levinas, « que tous les hommes soient frères ne s'explique pas par leur ressemblance – ni par une cause commune dont ils seraient l'effet comme des médailles qui renvoient au même coin qui les a frappées »[46].

Ici encore, l'air de famille que partagent le « don » et le « pardon » nous permet de comprendre comment le pardon nous conduit sur le chemin de la fraternité universelle. Non pas qu'il faille se dédire et inscrire le pardon dans la même logique de rétribution qui veille au bon fonctionnement

---

[44] J. Derrida, *Pardonner*, 37.
[45] J. Derrida, « Le Siècle et le Pardon », 108.
[46] E Levinas, *Totalité et Infini*, 235.

de la logique marchande du « don » et du « contre-don ». La logique de la surabondance a définitivement établi qu'il n'y a pas lieu d'introduire une quelconque réciprocité mercantile dans le pardon. C'est d'ailleurs cette rupture de réciprocité mercantile qui fonde et justifie l'inconditionnalité du pardon : parce qu'il est un don d'au-delà de tout don, le pardon, pour être véritablement et purement *par*don (« par-don »), n'a pas besoin d'un antécédent, d'une précondition pour concrétisation.

Il reste que, pour sa concrétisation et son accomplissement, le pardon doit s'insérer dans l'histoire. Dans la religion, le pardon divin déchire les cieux pour atteindre le pécheur. Ce faisant, il vit dans une tension, qui le rend ambigu : d'une part, pour garder sa pureté, il doit affirmer son inconditionnalité. Sous cet angle, il n'a pas besoin d'une quelconque participation de l'homme, Dieu décidant seul, dans sa grandeur, de remettre ses péchés. Mais, d'autre part, il arrive que le pardon divin pose, comme une condition minimum de la part de l'homme, la contrition et l'aveu de ses péchés.

Par ailleurs, le pardon n'est pas condamné à rester du domaine du religieux, et à ne concerner que la relation de Dieu avec le pécheur, se jouant ainsi sur les limites de la temporalité et de l'éternité. En effet, le pardon a aussi un sens au niveau horizontal, dans la mesure où il peut y avoir, entre les hommes, un « pardon libre et sincère […] qui reflète l'immensité du pardon divin » (§ 250). Mais, ce faisant, le pardon se lie à l'ordre des conditions qui caractérise les affaires humaines où toute chose se mesure.

L'ambiguïté ainsi exprimée s'est cristallisée dans la problématique du repentir et de la demande de pardon qui condense le danger de faire entrer le pardon dans la logique marchande d'échange. Une telle ambiguïté serait levée si l'on réussissait à comprendre la notion d'échange indépendamment de la réciprocité mercantile. Et, justement, Paul Ricœur nous enseigne qu'il est possible de concevoir un échange qui ne soit plus celui de la rétribution, entre « donner » et « rendre ». Il s'agit de l'échange, tout gratuit, entre « donner » et « recevoir », où le rendre n'a plus de place comme un don en retour[47].

Cette nouvelle compréhension du don, à travers le rapport entre « donner et recevoir » (sans nécessité d'un rendre), absout le don de toute tentation de récupération de l'action généreuse dans la mesure où ce type d'échange rend impossible toute approche paternaliste du don. En effet, « ce qui était potentiellement offensé dans la générosité, encore tributaire de l'ordre marchand, c'était la dignité du donataire […]. La réciprocité du donner et du recevoir

---

[47] Cf. P. Ricœur, *La mémoire, l'histoire, l'oubli*, 625-626.

met fin à la dissymétrie horizontale du don sans esprit de retour, sous l'égide de la figure singulière que revêt […] la considération»[48].

Sous cet angle, la demande de pardon, qui nous posait problème en tant qu'elle remettait en question l'inconditionnalité du pardon, bénéficie d'un nouvel éclairage. Car, en réalité, aucune demande de pardon ne peut provoquer, de la part de Dieu ou de la victime, un pardon automatique. Elle est lancée sans la certitude d'un retour. En effet, la demande du pardon, de même que le repentir ou l'aveu, ne fait pas du pardon un dû, un droit. Tout ce qu'elle peut espérer, c'est qu'elle soit reçue, acceptée par la personne à qui elle s'adresse ; qu'elle soit écoutée et entendue. La demande de pardon «renoue» le contact. C'est dans ce sens que Gérard Bensussan affirme que «la demande de pardon instaure en effet quelque chose comme un partage, un échange fraternel horizontal, là même où il ne serait censé régir qu'une stricte relation intersubjective de face-à-face, "d'homme à homme" : il vient immédiatement après […] sans pour autant détenir la clé de son propre avant»[49] ni de son après.

La demande de pardon (comme l'aveu ou le repentir) se présente ainsi comme langage, comme parole adressée à un autre et qui réinstaure la possibilité du discours entre les personnes que la violence a éloignées, faisant d'elles étrangères l'une de l'autre. Or, le langage est le propre de la communauté humaine, qui se dit comme parenté des hommes et fait d'eux des frères[50]. Et, quant à l'octroi de pardon, il se fait aussi dans une parole libératrice adressée au coupable ; elle est une parole réparatrice[51]. Ainsi, de part en part, le pardon est langage remettant ensemble les personnes séparées, et réinstaurant entre elles un espace commun. Les Grecs l'ont bien compris, puisqu'ils ont choisi le terme *suggignôskô* pour signifier le verbe «pardonner». Or, ce terme signifie, littéralement «reconnaître ensemble», «trouver ensemble un accord». Ce qui nous conduit à l'idée d'une communauté de destin. En ce sens, le pardon se voit ainsi assigner un statut de «vertu quasi-politique […] ou en tout cas une vertu d'extension inter-humaine, de fraternisation horizontale, sociale»[52].

On comprend, dès lors, que le Pape ait placé le pardon au centre des «parcours pour se retrouver» comme frères, dans un monde marqué par les conflits et les diverses formes de fermeture sur soi. Le pardon – demandé et reçu – devient ainsi une réponse à la «série de défis qui nous boule-

---

[48] P. Ricœur, *La mémoire, l'histoire, l'oubli*, 626.
[49] G. Bensussan, « Le pardon entre oubli et partage », 419.
[50] Cf. E Levinas, *Totalité et Infini. Essai sur l'extériorité*, 235.
[51] Cf. D. Cohen-Levinas, *L'impardonnable*, 213.
[52] G. Bensussan, « Le pardon entre oubli et partage », 420.

versent, nous obligent à envisager de nouvelles perspectives et à développer de nouvelles réactions » pour que « l'affirmation selon laquelle tous en tant qu'êtres humains nous sommes frères et sœurs ne [soit] pas seulement une abstraction, mais [devienne] réalité et se concrétise » (§ 128).

Si le pardon restaure la fraternité brisée par la fermeture sur soi, ce n'est pas en devenant comme une manière habituelle d'agir. Le pardon échappe, par tous les côtés, à la normalité, à la normativité. C'est plutôt par ses effets que le pardon transforme les rapports humains. Comme l'amour, le pardon, dans sa vérité, ne se manifeste, ne s'atteste qu'à travers ses effets. On se rappellera d'ailleurs qu'en pleine marche apophatique, ce sont les effets du pardon qui bénéficiaient de l'aspect assertif.

Concrètement, le pardon restaure les rapports en libérant le coupable du fond obscur de son action, lui exemptant de la charge négative qu'elle hérite de la violence infligée ou subie. On peut ainsi dire que le pardon brise la dette qui découle de l'action incriminée en créditant le coupable des nouvelles ressources pour l'avenir. Le pardon redonne un futur au coupable, un futur qui n'hésitera pas à se servir de l'expérience du passé, sans pour autant en devenir prisonnier[53]. « Le coupable, rendu capable de recommencer, telle serait la figure de ce déliement [qu'est le pardon] qui commande tous les autres »[54].

Il ne s'agit pas, en pardonnant, de changer d'avis sur l'action incriminée ni de se rallier à la thèse de l'innocence du coupable. Comme le dit Jankélévitch, « la surnaturalité du pardon consiste en ceci que mon opinion au sujet du fautif n'a précisément pas changée ; mais sur ce fond immuable, c'est tout l'éclairage de mes relations avec le coupable qui se trouve modifié […]. Le jugement de condamnation est resté le même, mais un changement arbitraire et gratuit est intervenu […] qui transforme la haine en amour »[55].

D'aucuns objecteront qu'une telle bienveillance à l'endroit du coupable pourrait contenir un grain d'égoïsme, en ce qu'elle peut attendre du bénéficiaire la même bienveillance à l'égard du donateur. Bien qu'il soit difficile de démontrer qu'un intérêt sournois subsiste dans chaque acte de bonté, la nouvelle compréhension de l'échange en termes de « donner » et de « recevoir » ouvre une nouvelle possibilité d'interprétation de l'expectative du don et du pardon. Il ne s'agit pas de donner ou de pardonner pour que, le moment venu, l'on soit traité de la même manière, comme si le bénéficiaire se sentait dans l'obligation de rendre à son bienfaiteur ce qu'il a reçu, dans

---

[53] Cf. A. LENTIAMPA SHENGE, *Paul Ricœur*, 371.
[54] P. RICŒUR, *La mémoire, l'histoire, l'oubli*, 638.
[55] V. JANKÉLÉVITCH, *Le pardon*, 197-198.

une sorte de réciprocité mercantile mainte fois décriée. Ce que la logique de l'échange comme « donner » et « recevoir » rend possible, c'est la transformation de celui qui reçoit en bienfaiteur, sans que son bienfait se tourne vers le donateur initial.

L'expérience de la paternité peut nous aider à comprendre un tel échange qui échappe à la réciprocité mercantile. En effet, dans la paternité, la non-réciprocité (c'est-à-dire, l'impossibilité dans laquelle se trouve le fils de pouvoir rendre au père ce qu'il a reçu de lui – la vie transmise) n'arrête pas le mouvement du désir, l'espoir et l'attente du Père sur son fils. Mais, à la différence de l'échange mercantile, ce que le Père attend de son fils, ce qu'il grandisse et devienne, à son tour, père, comme lui ; qu'il devienne, à son tour, donateur et transmetteur de vie comme lui. Cette transformation du donataire en donateur signifie la « réciprocité sans réciprocité », le « rapport sans rapport » qui définit le véritable don[56]. Comme le dit Levinas, « la fécondité engendrant la fécondité accomplit la bonté : par-delà le sacrifice qui impose un don, le don du pouvoir du don, la conception de l'enfant »[57].

En ce sens, que les grands-parents se réjouissent et s'accomplissent au vu de leurs petits-enfants, cela ne résulte pas seulement d'un simple instinct de conservation de l'espèce ou d'une quelconque tradition : c'est l'expression d'une profonde vérité anthropologique. Car, par-là, le père voit son fils le rejoindre dans le rôle du donateur et se réaliser lui-même comme père. Ce qui prouve que « les rapports familiaux ont leur fondement dans le mouvement de gratuité qui est à l'origine de la vie, gratuité qui se perpétue du père à l'enfant, et de l'enfant à sa progéniture. Ils n'ont donc pas pour base la notion d'équivalence ou de réciprocité »[58].

Il en est ainsi du pardon qui, en ouvrant au coupable une ligne de crédits sans limites, le rend capable de « faire de même » à l'endroit des autres, en instaurant ainsi une fraternité universelle. Ainsi, celui qui voit son débiteur devenir lui-même créancier pour un autre, en lui redonnant la vie par la libération que procure le pardon, se réjouit de cette prolongation de vie, sans en être directement bénéficiaire. Il se réjouit de ce que le pardon restaure la fraternité entre les hommes. Cette fraternité « ne signifie pas seulement la sympathie ou l'effusion, la compassion ; il dit le partage de l'humanité, la fraternité des hommes, des fils reconnaissant leur appartenance au genre

---

[56] Cf. S. Petrosino, « "Le fils" ou "Du père" », 69. Nous recommandons la lecture de cette étude de Simone Petrosino, ainsi que les pages que nous y consacrons dans une publication antérieure (cf. A. Lentiampa Shenge, *Paul Ricœur*, 402) pour davantage comprendre la richesse philosophique de la notion de paternité en lien avec celle de don.

[57] E. Levinas, *Totalité et Infini*, 302.

[58] A. Lentiampa Shenge, *Paul Ricœur*, 402.

humain »⁵⁹. On comprend que le Pape ait insisté sur le fait que, pour cheminer vers l'amitié sociale et la fraternité universelle, il faut reconnaitre ce que vaut un être humain, toujours et en toute circonstance (cf. § 106). En effet, chaque être humain est précieux et « a le droit de vivre dans la dignité et de se développer pleinement ; et ce droit fondamental ne peut être nié par aucun pays (§ 107).

La rationalité africaine projette aussi une lumière supplémentaire sur la rescousse du pardon en faveur de la fraternité universelle. Car, le lien étroit que nous découvrons entre le pardon et la fraternité universelle rejoint les conclusions d'un écrit antérieur traitant du lien entre la culture africaine de la vie et la promotion du pardon⁶⁰. Nous y avons démontré que dans une culture qui donne la primauté à la vie sur toute autre valeur, le pardon devrait nécessairement y trouver une place importante, et sa promotion devenir une préoccupation qui mobilise les énergies de tous et de chacun.

Pour comprendre ce que peut être l'apport du pardon à la fraternité pour l'Africain épris de vie, il convient de rappeler ce que signifie pour lui l'acte maléfique. Et il n'y a pas mieux que Placide Tempels – un des pionniers de l'ethnologie africaine – pour nous le dire. Il soutient, en effet, que « pour les Bantous [mais ceci vaut aussi pour les autres peuplades d'Afrique], la pire malice, et en somme la seule vraie, se trouve dans l'atteinte portée à la force vitale »⁶¹. Il faut même dire que, dans un contexte où commettre un tort, c'est toucher à la force vitale de l'autre, « toute injustice, si minime soit-elle, même si elle porte simplement sur le bien matériel, sera considérée en tout premier lieu comme une atteinte à l'intégrité de l'être, à l'intensité de la vie »⁶².

Par ailleurs, si, pour l'Africain, l'offensé est tel parce que le mal subi atteint sa force vitale et menace celle-ci de diminution ou d'annihilation, la situation de l'offenseur n'est meilleure qu'en apparence. Car, s'il est vrai que le bourreau, par son action maléfique, par sa sorcellerie, arrive à renforcer son énergie vitale au détriment de celle de sa victime, il sait aussi qu'à long terme son sort peut être pire : il peut être banni de la communauté. Or, dans la culture africaine, l'homme seul est un homme mort, sans avenir. Sa vie n'est vie qu'en apparence. Seul, le pardon pourrait donc le libérer de ce poids qui pèse sur lui. De la sorte, l'Africain qui pardonnerait à celui qui menace sa force vitale, le libérant du pouvoir maléfique qui s'est emparé de lui, le réintroduirait dans le chœur de la symphonie *de et pour*

---

⁵⁹ J. DERRIDA, *Pardonner*, 40.
⁶⁰ Cf. A. LENTIAMPA SHENGE, « La culture de la vie », 402-420.
⁶¹ P. TEMPELS, *La philosophie bantoue*, 96.
⁶² A. LENTIAMPA SHENGE, « La culture de la vie », 414.

la vie, dans le chœur de la symphonie de la fraternité[63]. Dans la culture africaine – mais ceci vaut, en réalité, pour toute culture et toute société –, le pardon vient à la rescousse de la fraternité menacée par la violence.

Pour finir, il ne sera pas inutile de signaler que, pour l'Africain, l'expression « vie » ou « force vitale » ne se réfère pas seulement aux personnes; elle concerne aussi le monde végétal et animal; elle renvoie à tout ce qui vit ou accompagne l'existence. Et le cosmos qui les héberge tous participe au renforcement de leur force vitale. Car, « au-delà des relations interpersonnelles, l'Africain sait que tout le cosmos s'emploie à le faire grandir, de sorte qu'entre lui et la création, il y a une interaction indispensable placée au service du bien-être mutuel de la personne humaine et de l'univers tout entier »[64]. De cette manière, il y a comme un lien d'engendrement, d'enfantement mutuel, non seulement entre les membres de la communauté[65], mais aussi entre les humains et le cosmos. Autrement dit, l'on ne peut s'épanouir comme personne dans le monde africain qu'en étant étroitement en relation avec les autres et avec le cosmos. L'épanouissement de l'un amène au bien-être de l'autre, et vice versa. Autant dire que la fraternité université ne s'accomplit pas en dehors d'un total engagement pour une écologie intégrale. N'est-ce pas que l'Encyclique *Fratelli tutti* trouve son origine et son inspiration chez le même François d'Assise qui a inspiré l'autre Encyclique du Pape François, *Laudato sì*?

6. Conclusion

Le mot pardon est aujourd'hui omniprésent dans nos discours, au point d'être banalisé. De la formule de bienséance à la demande publique de pardon par des chefs d'État ou des représentants de grandes religions, le pardon est partout célébré. Comme le note Danielle Cohen-Levinas, « nous sommes devenus une société qui prononce le mot "pardon" sans même parfois savoir pourquoi »[66], ni même de quoi l'on parle.

Le petit « traité sur le pardon » que nous offre l'Encyclique *Fratelli tutti* restitue à ce mot tout son poids sémantique, en levant les malentendus qui couvrent le substrat de cette notion. Suivant la voie apophatique, *Fratelli tutti* écarte toutes les distorsions qui peuplent habituellement notre entendement lorsqu'il s'agit de penser le pardon.

---

[63] Cf. A. Lentiampa Shenge, « La culture de la vie », 416.

[64] B. Bujo, *Quelle Église pour un christianisme authentiquement africain?*, 44. Voir aussi les pages 54-55 pour ce qui est de l'engendrement mutuel.

[65] Le principe d'engendrement mutuel peut ainsi servir de fondement pour la fraternité universelle entre les hommes.

[66] D. Cohen-Levinas, *L'impardonnable*, 213.

Non, le pardon n'équivaut pas à une lâcheté ou à une dérobade ; il n'est produit ni de l'oubli ni de l'usure du temps. Il ne consiste même pas à nier la malice d'un acte délictueux, ou à le comprendre, comme pour lui trouver des excuses : « Pardonner n'est pas changer d'avis sur le compte du coupable ni se rallier à la thèse de l'innocence »[67]. Celui qui pardonne garde toute sa lucidité et sa perspicacité devant le mal. Il sait le nommer, et le désigne comme tel.

Si le pardon ne doit être assimilé ni à l'oubli, ni la lâcheté, moins encore à l'usure du temps ou une simple excuse, c'est parce qu'il se situe bien au-delà de tout cela. C'est un don qui s'absout de toute mesquinerie et de toute recherche personnelle . C'est pourquoi « il ne prend son *sens*, il ne trouve sa *possibilité* de pardon que là où il est appelé à faire l'im-possible et à pardonner l'impardonnable »[68]. « On comprend dès lors pourquoi le pardon peut être fondateur d'un avenir : autant la pitié, émotion sans lendemain, apparaît inconsistante et transitoire, autant le pardon se révèle capable d'instituer un ordre nouveau »[69].

C'est parce qu'il est à même d'instaurer un ordre nouveau que le pardon peut être un ferment efficace de la restauration de la fraternité brisée. Il rappelle aux humains qu'ils sont, fondamentalement, débiteurs, non pas les uns des autres, mais les uns aux autres ; et c'est cela qui fait d'eux une communauté humaine. Comme le dit Levinas, « c'est ma responsabilité en face d'un visage me regardant comme absolument étranger [...] qui constitue le fait original de la fraternité »[70]. En langage africain, nous dirons que c'est « l'engendrement et l'enfantement mutuels » qui fondent la fraternité entre les hommes ; tout en sachant que « l'engendrement et l'enfantement mutuels ne se limitent pas aux actions dont la réciprocité consisterait dans une performance du même genre. En d'autres termes, le bénéficiaire ne répond pas par un acte qui correspond matériellement à ce qu'il a reçu, mais celui qui par un acte bénéfique engendre en reçoit [...] "supplément d'être" »[71].

Si le pardon participe à la restauration de la fraternité universelle, ce n'est pas par une voie normative. En effet, de par son essence, le pardon demeure de l'ordre de l'extraordinaire et de la transcendance. Il ne peut donc devenir « normal » et « banal » ; il ne peut s'instituer. Ce ne sont que ses effets qui nous permettent de le saisir dans un langage plus ou moins

---

[67] V. Jankélévitch, *Le pardon*, 197.
[68] J. Derrida, *Pardonner*, 30-31.
[69] V. Jankélévitch, *Le pardon*, 201.
[70] Cf. E Levinas, *Totalité et Infini*, 235.
[71] B. Bujo, *Quelle Église pour un christianisme authentiquement africain ?*, 55.

assertif. C'est par des petits gestes – sortant de l'ordinaire – que le pardon, du haut de sa transcendance, influe sur la marche du monde.

On comprend alors que l'Encyclique ait proposé la voie « artisanale » dans la construction de la paix sociale et de la fraternité universelle (cf. § 207). Il s'agit « des transformations (…) réalisées par les peuples, où chaque être humain peut être un ferment efficace par son mode de vie quotidienne » (§ 231). C'est une invitation à chacun à devenir un « artisan » de paix, de réconciliation et de fraternité là où il est. D'où l'interpellation du Pape : « Chacun de nous est appelé à être un artisan de paix, qui unit au lieu de diviser, qui étouffe la haine au lieu de l'entretenir, qui ouvre des chemins de dialogue au lieu d'élever de nouveaux murs » (§ 284).

BIBLIOGRAPHIE

ARENDT H., *Condition de l'homme moderne*, Paris : Editions Pocket (Agora) 1999.

BENOÎT XVI, *Caritas in veritate*, Paris : Editions Salvator 2009

BENSUSSAN G., « Le pardon entre l'oubli et le partage. La généalogie de l'homme désenfermé dans l'*Etoile de la Rédemption* », *Archives de Philosophie*, Tome 77 (2014/3) 407-420.

BUJO B., *Quelle Église pour un christianisme authentiquement africain ? Universalité dans la diversité*, Fribourg : Schwabe Verlag 2020.

COHEN-LEVINAS D., *L'impardonnable. « Etes-vous juif ? »*, Paris : Editions du Cerf 2021.

CORNU G., *Vocabulaire juridique*, Paris : PUF 2022.

DERRIDA J., « Le siècle et le Pardon », *Foi et Savoir*, Paris : Editions du Seuil 2000, 101-133.

DERRIDA J., *Pardonner. L'impardonnable et l'imprescriptible*, Paris : Editions Galilée 2012.

DUPUY J.P., « L'individu libéral, cet inconnu : d'Adam Smith a Friedrich Hayek », AUDARD C & AL., *Individu et justice sociale. Autour de John Rawls*, Paris : Editions du Seuil 1988, 72-84.

HEGEL G.W.F., *Phénoménologie de l'esprit*, Paris : Editions Flammarion 2012.

JANKÉLÉVITCH V., *Le pardon*, Paris : Editions Aubier-Montaigne 1967.

JANKÉLÉVITCH V., *Imprescriptible. Pardonner ? Dans l'honneur et la dignité*, Paris : Editions du Seuil 1986.

LENTIAMPA SHENGE A., *Paul Ricœur. La justice selon l'espérance*, Bruxelles : Lessius 2009.

Lentiampa Shenge A., « La culture de la vie et la promotion du pardon en Afrique », *NRT* 133 (2011) 402-420.

Lentiampa Shenge A., « De l'ère de l'individu à l'ère de la personne. Pour une économie à visage humaine », *Gregorianum* 94, 4 (2013), 833-847.

Levinas E., *Totalité et Infini. Essai sur l'extériorité*, Paris : Le livre de proche 1992.

Maître Eckart, *Les Sermons* (Traduction de Labarrière P.J. & Jarczyk G.), Paris : Albin Michel 2009.

Petrosino S., « "Le fils" ou "Du père". Sur le don reçu », in Gilbert P. et Petrosino S., *Le Don. Amitié et paternité*, Bruxelles : Lessius 2003, 45-81.

Ricœur P., *Le Juste*, Paris, Editions Esprit 1995.

Ricœur P., *Soi-même comme un autre*, Paris : Editions du Seuil 1990.

Ricœur P., *La mémoire, l'histoire, l'oubli*, Paris : Editions du Seuil 2000.

Rosenzweig F., *L'étoile de la rédemption*, Paris : Editions du Seuil 2003.

Rousset B., « La possibilité philosophique du pardon. Spinoza, Kant, Hegel » in Perrin M. (dir.), *Le Pardon*, Paris : Editions Beauchesne 1987, 183-196.

Sénèque, *De la clémence*, Paris : Les Belles Lettres 1967.

Tempels P., *La philosophie bantoue*, Paris : Présence Africaine 1965³.

Thomas d'Aquin, *Somme contre les gentils*, Paris : Editions du Cerf 1993.

Fraternità come nuovo paradigma politico

Francesco Occhetta

Il tema che ci è stato assegnato e che ci proponiamo di sviluppare è tra gli obbiettivi della Facoltà di Scienze Sociali che qui rappresento: preparare studenti che in ogni parte del mondo potranno credere e promuovere la Dottrina sociale della Chiesa come condizione per costruire "l'alta politica" direbbe il Papa. L'obiettivo della Facoltà è quello di ispirare modelli e forme di vita sociale e politica ispirati al Magistero sociale e ai suoi principi che vedono nell'Enciclica *Fratelli tutti* (FT) il punto più aggiornato della riflessione della Chiesa.

Siamo in un tempo di ripensamento di forme sociali e modelli politici. Lo abbiamo definitivamente capito durante il tempo della pandemia e dai tentativi di cambiamento, ancora troppo timidi, dell'ultimo G20 celebrato a Roma il 30-31 ottobre 2021 e della Cop26 riunita a Glasgow dal 31 ottobre al 12 novembre in cui si è preso atto che un modello di sviluppo è finito per sempre.

Era la preoccupazione di Francesco quando all'inizio della sua Enciclica afferma:

> Il dolore, l'incertezza, il timore e la consapevolezza dei propri limiti che la pandemia ha suscitato, fanno risuonare l'appello a ripensare i nostri stili di vita, le nostre relazioni, l'organizzazione delle nostre società e soprattutto il senso della nostra esistenza. (FT 33)

In questo nuovo scenario sociale e politico di cambiamento di paradigma, va riconosciuto un dato rilevante. Il fiume carsico del cambiamento mondiale che sta rimodellando i temi della politica è rappresentato (anche) dal Magistero sociale di Francesco. Lo ha ammesso anche Mario Draghi quando, in una conferenza stampa durante il G20, ha ribadito che le posizioni del Pontefice sono state importanti «non solo per il G20, ma per tutto ciò che concerne il clima e la conservazione della Terra». Lo stesso presidente degli Stati Uniti, Joe Biden, dopo l'udienza ha definito il Papa come «il più grande combattente per la pace che io conosca e la "stella polare" del mondo».

È la prova di come la parola del Magistero semina, crea dibattito, anticipa i temi urgenti nello spazio pubblico come ad esempio è stato l'ambiente nel 2015 e la fraternità nel 2020, lievita i processi e aiuta la costruzione di un nuovo paradigma politico.

Così cercheremo di rispondere a un tweet postato dall'account ufficiale dell'Università che si poneva la domanda centrale: «Si può fare politica all'insegna della fraternità?».

1. Fraternità, una parola antica

Fraternità è una parola antica ma poco utilizzata. Spesso si omette di pronunciarla per pudore mentre l'Illuminismo l'ha tradita e umiliata. Eppure, come per un incantesimo, quando la si pronuncia, è come un raggio di sole dopo la tempesta per la coscienza personale e politica.

Fraternità è solo in apparenza una parola semplice. Deriva da *fraternus, frater* (fratello) + *érnus* che indica una terminazione propria di aggettivi che indicano appartenenza. All'etimo di fraterno occorre aggiunge il suffisso *ità* (che viene da *-itas* latino) che si usa per far derivare nomi da aggettivi. Per questo il termine fraternità è un nome deaggettivale, viene ottenuto derivandolo da un aggettivo aggiungendo un suffisso. Serve come il lievito per qualificare altri termini quando trasforma la giustizia da vendetta in riparazione, le guerre in processi di pace, le crisi personali in relazioni nuove. Per questo la fraternità rimanda al "nascere accanto a un altro", trasforma i soci in fratelli, fonda il mutuo aiuto, illumina la reciprocità, supera il significato di "fratellanza" quella dei vincoli di sangue o etnici in cui si include il simile ed esclude il diverso.

Le ricorrenze di parole nell'enciclica sono per noi una bussola di senso: il termine "politica" compare nell'enciclica 66 volte, la parola "fraternità" invece viene utilizzata 44 volte, è quasi sempre legato al termine "amicizia sociale" per richiamarne la connessione di significato; l'unico passaggio in cui il Papa definisce la fraternità è nel punto in cui la connette alla libertà e all'uguaglianza per ribadirne il suo effetto benefico.

Lo ribadiamo. In questo termine c'è già un primo cambio di paradigma che la Chiesa chiede alla politica: Francesco distingue la "fraternità" dalla fratellanza. Superare la concezione illuministica della politica e i vincoli di sangue o di etnia che includono il simile ed escludono il diverso. La fraternità viene dall'altro, dalla paternità di Dio, pone in interdipendenza, trasforma i soci in fratelli, fonda il mutuo aiuto e la reciprocità che è un dare senza perdere e un prendere senza sottrarre. La prossimità e la vicinanza, infatti, dipendono proprio da questo legame originante, tra la creatura e il Creatore. La fraternità è così un processo politico, lungo e tortuoso per ricomporre i legami sociali spezzati verso chi ha subito un'ingiustizia.

La prospettiva in cui si pone il Pontefice chiede tre scelte previe. Anzitutto concepire la fraternità come un processo, uno sviluppo, un punto di partenza, va compresa nella coscienza personale e sociale.

Per Francesco la fratellanza è un pre-dato politico per la vita sociale senza cui i le relazioni sociali perderebbero di significato. Con il noto motto di San Paolo, *spes contra spem* (Rm 4,18), "la speranza contro ogni speranza" anche la fratellanza può aiutare a "essere speranza" per "dare speranza".

2. Oltre a un mondo di "soci"

Francesco dedica una sezione del capitolo 3 che si intitola proprio «Andare oltre un mondo di soci» per definire la fraternità. In questa parte il Papa mette a confronto la logica del farsi prossimo della parabola del buon samaritano, scelta nel cap. 2, con la mentalità dominante di una società ripiegata sulla difesa di sé in modo autoreferenziale:

> In questo schema rimane esclusa la possibilità di farsi prossimo, ed è possibile essere prossimo solo di chi permetta di consolidare i vantaggi personali. Così la parola "prossimo" perde ogni significato, e acquista senso solamente la parola "socio", colui che è associato per determinati interessi. (FT 102)

Il Papa sceglie di richiamare Paul Ricœur e il suo pensiero sull'incompiutezza del cittadino quando sceglie di essere socio e non cooperatore nella società.

Anche il fondamento spirituale che fonda l'enciclica nel secondo capitolo aiuta a ricostruire un nuovo paradigma politico a partire da tre punti qualificanti:

1. Si diventa prossimo grazie all'incontro personale che va oltre le diverse culture di appartenenze altrimenti c'è sempre un motivo in politica per negare la fraternità e arrivare alla guerra.

> Il problema è che, espressamente, Gesù mette in risalto che l'uomo ferito era un giudeo – abitante della Giudea – mentre colui che si fermò e lo aiutò era un samaritano – abitante della Samaria –. Questo particolare ha una grandissima importanza per riflettere su un amore che si apre a tutti. I samaritani abitavano una regione che era stata contaminata da riti pagani, e per i giudei ciò li rendeva impuri, detestabili, pericolosi. Difatti, un antico testo ebraico che menziona nazioni degne di disprezzo si riferisce a Samaria affermando per di più che «non è neppure un popolo» (Sir 50,25), e aggiunge che è «il popolo stolto che abita a Sichem» (v. 26). (FT 82)

2. "Il bisogno" dell'altro è un principio politico, e la politica è chiamata a organizzarlo. Punto di rottura è rappresentato dal versetto 33 della parabola del Samaritano del Vangelo di Luca, capitolo 10. Scrive il Papa: «si

commosse a causa del bisogno dell'altro». La commozione è la forma più alta di amore perché permette di dire "eccomi".

Altrimenti ci sono altri modi di stare nel mondo (anche) politico come, per esempio, vivere come i briganti che spogliano le persone, le riempiono di colpi e le lasciano semimorte. Questi sono i mafiosi, i corrotti, le bande clientelari che si arricchiscono sugli altri, la finanza spietata, chi utilizza e strumentalizza gli elettori ecc.

Invece la compassione diventa un movimento di avvicinamento a chi nella mia vita ha un bisogno. Il prossimo, infatti, non è una idea o una categoria che ci separa da lui – poveri, carcerati, immigrati, disoccupati, handicappati, emarginati – ma è una persona che ha un bisogno e mi è vicina.

3. Il nuovo paradigma che fonda la politica della fraternità si fonda sui 10 verbi contenuti nei versetti 34 e 35 del cap. 10 del Vangelo di Luca che presentano un vero e proprio decalogo per descrivere l'amore: lo vide, si mosse a pietà, si avvicinò, scese, versò, fasciò, caricò, lo portò, si prese cura, pagò... fino al decimo verbo: al mio ritorno salderò.

Se muore il prossimo in politica allora muore il senso umano della politica, quella su cui si fonda il nostro convivere. Il Papa entra nel dibattito attuale e mette il dito nella piaga. Passato anche il Novecento, studiosi come Luigi Zoja, affermano che nella cultura è morta sia l'idea di Dio sia l'idea del prossimo, la persona che vedi, senti e tocchi. Quando in una cultura sociale e politica muore l'idea di prossimo che significa letteralmente "l'altro che ti sta vicino", dal termine *plesios*, allora cosa diventa la vicinanza? Un pericolo. Ma se è così cosa quale risposta diamo alla domanda: "Chi è il mio prossimo?".

La cultura del terzo millennio ha fatto morire il prossimo, come ha scritto Zoia, ma il cittadino occidentale cerca disperatamente il lontano in Rete per non sentirsi isolato e solo. Si vuole distante il vicino e vicinissimo il lontano. La prossimità infatti è relazione non è un oggetto. Ritorna alla mente la storia di un convento in cui tutti i monaci servivano senza sosta i poveri, quando il priore chiese a uno di andare a mendicare per chiedere cibo in città. Al suo ritorno gli rispose: «Mi davano la moneta, ma nessuno mi guardava in faccia».

3. La fraternità per ribilanciare uguaglianza e libertà

Per Francesco occorre rilanciare la fraternità perché uguaglianza e libertà ritrovino il loro equilibrio semantico ed ermeneutico che la politica di questi ultimi due secoli ha strumentalizzato.

Nell'Enciclica propone di riconciliare ciò che non ha funzionato dalla rivoluzione francese in poi che dimenticando la fraternità, ha esasperato la libertà intesa come "libertà da" e stenta a promuovere le libertà per l'altro che richiedono solidarietà e bene comune.

La stessa uguaglianza, pur ponendo l'esigenza radicale di pari opportunità, "compara" individui che restano svincolati gli uni dagli altri, tanto che finisce per essere assunta nel registro dei diritti individuali:

> Vi è infatti oggi la tendenza verso una rivendicazione sempre più ampia di diritti individuali – sono tentato di dire individualistici, che cela una concezione di persona umana staccata da ogni contesto sociale e antropologico, quasi come una "monade" [...]. Se il diritto di ciascuno non è armonicamente ordinato al bene più grande, finisce per concepirsi senza limitazioni e dunque per diventare sorgente di conflitti e di violenze. (FT 111)

Invece, «la fraternità non è solo il risultato di condizioni di rispetto per le libertà individuali, e nemmeno di una certa regolata equità. Benché queste siano condizioni di possibilità, non bastano perché essa ne derivi come risultato necessario. La fraternità ha qualcosa di positivo da offrire alla libertà e all'uguaglianza» (FT 103).

4. Oltre al liberalismo e al populismo

Nel capitolo quinto Francesco pone la centralità della politica per superare i limiti del mercato e della tecnica. Mette in guardia dal virus dell'individualismo radicale, che rappresenta il punto in comune su cui si basa l'immaginario politico.

Da una parte l'idea di portare avanti il progetto neoliberale degli ultimi quarant'anni, con il suo susseguirsi di crisi economiche e regimi di austerità, guidati da una élite tecnocratica globale indifferente alle ricchezze culturali.

Le politiche liberiste degli anni Ottanta hanno liberalizzato il mercato, introdotto la deregulation, permesso a molti di crescere senza redistribuire. Da quella scelta (politica) si è giunti al crack della crisi finanziaria del 2006/2008. Non è uno slogan l'affermazione del Papa: «Questa economia uccide». Togliendo la dignità alle persone togli la vita delle persone. Durante la crisi finanziaria Radio24 aveva letto i nomi e i cognomi degli imprenditori che si sono tolti la vita perché non riuscivano più a guardare in faccia ai loro dipendenti, familiari ecc. Questi volti confermano ciò che Chiesa, con la voce del Pontefice sta affermando: "Questa economia uccide".

Dall'altra parte troviamo la condanna che, per la prima volta, la Chiesa pronuncia contro il populismo, i populismi nazionalistici.

I politici populisti strumentalizzano «la cultura del popolo, sotto qualunque segno ideologico, al servizio del proprio progetto personale e della propria permanenza al potere» (FT 159).

Il termine popolo è come una moneta a due facce: quella che degenera nei populismi e quella che fa nascere comunità politiche[1]. Dire "populismo" significa riconoscere un *vulnus* nella dignità stessa del popolo e affermare la sua potenziale manipolabililità.

Per questo i populismi nell'enciclica sono come burrasche che si infrangono su tutto ciò che è governo e istituzioni. Sono movimenti storici ciclici – gli ultimi due sono nati intorno al 1930 e al 2008 – che producono energia quando il popolo soffre e subisce crisi finanziarie, alti tassi di disoccupazione, l'accoglienza di grandi flussi migratori, l'incremento spese militari, la crisi della classe media, un'eccessiva corruzione della classe politica e, infine, la constatazione che le classi dirigenti da popolari diventano aristocratiche. La degenerazione del concetto di popolo e la strumentalizzazione di chi lo guida è fisiologica negli organismi politici: le cellule del populismo possono rinnovare o deteriorare un organismo.

Molto dipende dalle risposte che la coscienza del popolo sceglie di dare alle conseguenze dei populismi, che negano il pluralismo e le minoranze interne; venerano i leader come padri e padroni; smentiscono i dati scientifici, esaltano il nazionalismo e il sovranismo; ignorano gli enti intermedi nella società, come le associazioni, la Chiesa, i sindacati; privilegiano forme di democrazia diretta su quella rappresentativa e così via.

Per la cultura populista anche i segni cristiani vengono utilizzati nella costruzione politica di un'identità religiosa etnico-nazionale, basata sulla contrapposizione tra un «noi» ideale contro un «loro» da respingere. Il linguaggio religioso dei politici esclude chi rimane fuori; riveste di sacro il potere; porta a credere che per dire il significato della fede basti il *medium*, l'oggetto, e non la testimonianza di vita. Insomma, è l'antico schema: Dio, patria, famiglia, utile per "rifugiarsi" dal mondo. È il segno della scissione tra demos (popolo) e kratos (potere) che ha screpolato il cristallo della democrazia.

Un'alternativa, però, esiste. Nel Novecento, cattolici come De Gasperi e Moro, Dossetti, La Pira, Zaccagnini, Martinazzoli, fino ad arrivare a Sergio Mattarella, hanno costruito la democrazia e l'Europa compiendo una scelta diversa: quella dell'inclusione e della dignità, della solidarietà e, soprattutto, della laicità.

È dal pluralismo e dalla solidarietà che sono nate la Costituzione italiana nel 1948 e la Comunità economica europea (Cee) nel 1957, quando il 25 marzo sei Stati (Belgio, Francia, Germania, Italia, Lussemburgo, Paesi Bassi) firmarono i Trattati di Roma.

---

[1] Cfr. F. Occhetta, *Le politiche del popolo*.

Occorre chiedersi: ci riconosciamo parte del popolo? La radice sanscrita della parola - «par-pal» - ha il senso di riunire, mettere assieme, e si trova dentro la parola *parnami*, "io riempio". Dire popolo è dire pienezza. L'identità del popolo si costruisce nella comunità di vita, ci ha insegnato il Presidente Mattarella. Si smette di essere folla composta da tante solitudini quando la cittadinanza non si limita all'«essere con» ma a un «essere per» gli altri.

Nel pensiero di Papa Francesco il popolo è una categoria storica e mitica che si costituisce in un processo in vista di un obiettivo, un progetto comune e il senso di appartenenza. La storia lo insegna: il mito si relaziona all'idea e ciò che è concreto, ma non si esaurisce in esso, «è un'espressione della tensione tra lo storico e il trans-storico, tra l'immanente e il trascendente»[2]. In Francesco il popolo richiede un'immersione: «Per comprendere un popolo bisogna entrare nello spirito, nel cuore, nel lavoro, nella storia e nel mito della sua tradizione. Solo così capiremo quali sono i valori di quel popolo»[3]. Natura e destino, senso di appartenenza e progetto, capacità di riconoscersi senza conoscersi[4].

Francesco stigmatizza il populismo quando l'uso del popolo e la strumentalizzazione dei deboli nasconde «forme populistiche, che li usano demagogicamente per i loro fini, o in forme liberali al servizio degli interessi economici dei potenti. In entrambi i casi si riscontra la difficoltà a pensare un mondo aperto dove ci sia posto per tutti, che comprenda in sé i più deboli e rispetti le diverse culture» (FT 155).

La maturità del popolo passa dalla responsabilità dei suoi membri di prendersi cura del bene comune e di tenere insieme i conflitti[5]. Romano Guardini lo spiega così: «Quando si dice: "La vita regge gli opposti; gli opposti si realizzano nella vita; sono i modi in cui la vita è viva"»[6].

Da queste tensioni nasce il cittadino che – dal latino *citatorium* – è il convocato con un particolare munus (potere), quello di costruire una parte del bene comune che può tenendo insieme pienezza e limite; idea e realtà, globale e locale. In questo si raggiunge la sintesi che Bergoglio fa del popolo quando ribadisce i principi di Guardini: il tempo è superiore allo spazio; l'unità è superiore al conflitto; la realtà è superiore all'idea; il tutto è superiore alla parte[7].

---

[2] J.L. Narvaja, «Il concetto "mitico" di popolo», 16.
[3] Francesco, *Dio è un poeta*, 37.
[4] J.L. Narvaja, «Il concetto "mitico" di popolo», 18.
[5] J.M. Bergoglio, *El verdadero poder es el servicio*, 88.
[6] R. Guardini, *L'opposizione polare*, 114.
[7] J.M. Bergoglio, *Noi come cittadini noi come popolo*.

5. L'antidoto ai populismi

Quale contributo può dare la Chiesa per costruire un nuovo paradigma politico? Attraverso la formazione della coscienza personale e sociale e insegnare a guardare gli effetti politici e sociali della non-fraternità. Sullo sfondo della parte quinta dell'Enciclica rimane come monito il testo di Zagrebelsky:

> Il "crucifige!" fu un urlo unanime. Nella folla davanti al pretorio non c'era posto per il dissenso. La paura la teneva unita come un corpo compatto. Se, tra i tanti, una voce si fosse potuta alzare per farsi ascoltare e fosse riuscita a organizzare una discussione, se si fossero allora formati diversi partiti, forse la decisione si sarebbe orientata diversamente, forse ci sarebbe stato un ribaltamento o la ricerca di una soluzione di compromesso [...]. Quella folla non era un soggetto, ma un oggetto. Una folla di questo genere era per sua natura portata all'estremismo, alle soluzioni senza sfumature, prive di compromessi[8].

La banalità del male prende il sopravvento quando si nega l'amicizia sociale: omissioni e gesti, parole e alleanze perverse, anche se in apparenza innocue, possono essere come la fiamma di un fiammifero che, una volta innescata la miccia, è capace di devastare intere foreste. Quando la costruzione dell'amicizia sociale si eclissa ritornano i genocidi, come quello del Rwanda, in cui nel 1994 in soli 100 giorni vennero massacrate mezzo milione di persone; gli stermini, come quelli dell'11 luglio 1995 a Srebrenica, in cui in 72 ore vennero ammazzati 8.000 bosniaci; i campi profughi del Medio Oriente, gli orrori nei campi della Libia, il cimitero del Mediterraneo, le guerre senza fine in molti Stati dell'Africa e tante altre violazioni in molte parti del mondo.

Il concetto di "buona politica" per Papa Francesco non è una dottrina, non è un modello astratto, nemmeno un percorso teorico, ma è una prassi. Inizia dal definire la fraternità guardando esperienzialmente gli effetti di ciò che è l'opposto a partire dall'ascolto del grido di coloro che patiscono le conseguenze della sua mancanza, cioè «dei poveri, dei miseri, dei bisognosi [...] degli orfani, delle vedove, dei rifugiati [...] delle vittime delle guerre, delle persecuzioni e delle ingiustizie [...] dei popoli che hanno perso la sicurezza, la pace e la comune convivenza», come recita l'appello alla fraternità che chiude il testo (FT 285).

Il loro grido smaschera il carattere retorico di un universalismo astratto e ci impone una domanda morale centrale per ogni politica: «Chi è l'altro per me».

Percorrere la strada della fratellanza richiede di misurarsi con le domande tutt'altro che banali che quel grido suscita: Che cosa significa proporre la

---

[8] G. ZAGREBELSKY, Il «crucifige!», 119.

fraternità in un mondo che è segnato da una parte da una iperconnessione globalizzante e mercificante, e dall'altro da una frammentazione individualistica e da chiusure nazionaliste e populiste?

Occorre situarci sulla pedagogia proposta dal Papa che richiede tre tappe di analisi: riconoscere la situazione nella quale ci troviamo; interpretare il nostro mondo e il mondo politico alla luce dell'Enciclica; agire nel livello in cui ci si trova concretamente.

Al compito di leggere la realtà si affianca quello di trovare le energie a cui attingere, di scoprire le motivazioni su cui fare leva. Il cammino della fraternità riguarda la mente e il cuore, la razionalità e le passioni: coinvolge la persona nella sua integralità.

Senza un metodo di analisi anche le contraddizioni sociali emergono nella loro crudeltà senza poter dare al mondo una speranza: disuguaglianze e corruzioni politiche, solidarietà e resilienza. Le guardavamo da lontano, eppure il virus dell'Aids ha causato 32 milioni di morti; solo nel 2018 sono morti 435 mila persone di malaria e 1,2 milioni di tubercolosi, senza parlare delle epidemie causate dall'influenza suina, aviaria, Ebola, Sars e Mers. La spagnola ha fatto morire 50 milioni di persone tra il 1918 e il 1919. Numeri incredibili, ma per noi ormai lontani. Il destino è comune in ogni angolo del mondo, tutto è connesso, direbbe Papa Francesco.

È bastata però un'epidemia imprevista a screpolare il vaso di cristallo di cui è composta e farla regredire come l'onda del mare quando un'idea di sicurezza ideologica comprime le libertà conquistate. Per la Chiesa, nonostante possa apparire ingenuo, esiste solo un antidoto: la «fraternità». È l'unica in grado di contrastare l'odio che porta alle guerre del cuore, in famiglia, a livello sociale e tra Stati.

Il ventesimo secolo sarà ricordato come il secolo degli ossimori: guerra e pace, totalitarismi e democrazia. Le conseguenze devastanti delle due guerre mondiali e il fallimento delle grandi ideologie hanno fatto nascere nella coscienza civile collettiva la consapevolezza che la democrazia è la migliore forma di governo, perché capace di tutelare le libertà e i diritti dei cittadini.

Per la Chiesa la fraternità politica, prima di essere una forma di governo, è un modo di vivere basato sulla responsabilità sia individuale sia della comunità civile. Una tappa di questo processo è custodita nella vita delle democrazie e nel loro sviluppo.

Nel 1980 il 46% della popolazione mondiale viveva in Stati fondati su standard democratici minimi (stato di diritto, pluralismo, elezioni libere, libertà di espressione); nel 2010 la popolazione mondiale sotto regimi democratici era salita al 70%, in 130 Stati dei 193 che sono membri dell'Onu.

Il 2021 si chiude con una brutta notizia, la democrazia mondiale si sta riassorbendo. Il 70% della popolazione del pianeta vive in regimi autoritari. I dati dell'Istituto V-dem di Gothenburg in Svezia, il declina della democrazia liberale è accelerato negli ultimi dieci anni. Le democrazie liberali sono passate da 41 Paesi nel 2020 alle 32 nel 2020 e rappresentano oggi solo il 14% della popolazione mondiale.

Francesco lo precisa: «È necessaria la migliore politica, posta al servizio del vero bene comune. Purtroppo, invece, la politica oggi spesso assume forme che ostacolano il cammino verso un mondo diverso» (FT 154).

La maturità del popolo passa dalla responsabilità dei suoi membri di prendersi cura del bene comune e di tenere insieme i conflitti[9]. Romano Guardini lo spiega così: «Quando si dice: "La vita regge gli opposti; gli opposti si realizzano nella vita; sono i modi in cui la vita è viva"»[10].

Contro le ingiustizie va organizzata la speranza, dice Francesco. Non c'è un'unica via d'uscita, né un unico metodo, né un'unica ricetta economica applicabile a tutti. L'artigianato come stile:

> Le grandi trasformazioni non si costruiscono alla scrivania o nello studio. (…) C'è una "architettura" della pace, nella quale intervengono le varie istituzioni della società, ciascuna secondo la propria competenza, però c'è anche un "artigianato" della pace che ci coinvolge tutti. (FT 231)

6. Dai conflitti alla fraternità politica

La ricostruzione della politica parte dall'impegno per la giustizia. Nella parte VII si trova il modo in cui si genera la fraternità. La sfida che Francesco chiede ai cristiani impegnati in politica è quella di costruire percorsi basati su verità, giustizia e misericordia come antidoto alle forme di vendetta. Certo, la ricostruzione della giustizia include i conflitti, essi sono "inevitabili" ma occorre non "fomentarli".

Lo insegnano le dure esperienze delle comunità cristiane: perseguitate dai poteri ma stimate dai popoli quando sopportato i conflitti senza cercarli, perché «la bontà è rinuncia alla vendetta» (FT 247).

Ogni ricostruzione politica nasce da un lungo e faticoso processo che ha alle radici l'«amore della giustizia» (FT 252) e attribuisce «ad ogni vittima innocente il medesimo rispetto» (FT 253). Certo la giustizia ha bisogno anche di molta fermezza, per questo la Chiesa condanna la guerra e la pena di morte, fa appello al negoziato. «La guerra mondiale a pezzi» (FT 259), non è "strumento di giustizia".

---

[9] J.M. Bergoglio, *El verdadero poder es el servicio*, 88.
[10] R. Guardini, *L'opposizione polare*, 114-142.

La politica dei cattolici può essere vera e credibile solo quando lenisce le ferite del corpo sociale per ribellarsi al male: «Domandiamo alle vittime. Prestiamo attenzione ai profughi, a quanti hanno subito le radiazioni atomiche o gli attacchi chimici, alle donne che hanno perso i figli, ai bambini mutilati o privati della loro infanzia» (FT 261).

Due sono i principi di giustizia che emergono con chiarezza. Anzitutto la Chiesa, richiamando il Nuovo Testamento, chiede di non farsi giustizia da sé stessi, riconosce la necessità che le autorità impongano pene a coloro che fanno il male (cfr Rm 13,4; 1Pt 2,14) e stabiliscano «pene proporzionate alla gravità dei delitti» (FT 250) che garantisca al potere giudiziario «l'indipendenza necessaria nell'ambito della legge» (FT 251).

Per questo motivo la giustizia non può essere costruita con condanne extragiudiziali ed extralegali (FT 267) rifiutate in forma categorica da Francesco che considera l'ergastolo una «pena di morte nascosta» (FT 268).

Tutto questo non è solo teoria, esistono persone che, attraverso la loro fede, ne danno testimonianza e aprono a tutti sentieri di speranza. Come il perdono della signora Gemma Calabresi in occasione dell'estradizione dalla Francia dell'ultimo terrorista del commando colpevole dell'uccisione di suo marito. In un'intervista al figlio Mario confessa: «Caro figlio, sono in pace ho scelto il perdono ma ora spero nella verità». Per lei la ricostruzione della verità è l'antidoto alla vendetta che ripaga il male con altro male. Con la sua scelta ci insegna che ogni volta che il terreno sociale è macchiato dal sangue occorre bonificarlo attraverso la riparazione fatta di verità. Solo così possono nascere nuovi inizi sociali e politici.

In secondo luogo la Chiesa rilancia nella riflessione pubblica il modello della giustizia riparativa di cui la Ministra della Giustizia, Marta Cartabia, è tra le più autorevoli esponenti rimane un impegno non abdicabile[11]. Permettere al dolore della vittima di essere ascoltato nello spazio pubblico, riabilitare il reo attraverso la riparazione per l'ingiustizia commessa e custodire questo incontro a livello sociale sono i fondamenti del modello nato negli anni Settanta del secolo scorso negli Usa.

La Genesi racconta la fraternità tradita attraverso le lotte tra fratelli. Il gesto di Caino ne è l'archetipo, è una violenza contro chi ha il suo sangue non contro lo straniero. Perché uccide Abele? Non poteva sopportare l'amore del Padre al fratello che gli impediva di essere l'unico amato e l'unico erede. Nei rapporti la gelosia annienta la fraternità. Quando poi si eclissa nelle culture, l'altro diventa un pericolo e un nemico da abbattere.

---

[11] Per approfondire il tema della giustizia riparativa si veda F. OCCHETTA, *La giustizia capovolta*.

È vero, la fraternità non si dà biologicamente, va costruita culturalmente, è un bene relazionale che il mercato non può produrre. Francesco l'ha rilanciata come un nuovo paradigma antropologico su cui ricostruire gesti e leggi.

Tutto questo porta Francesco a ribadire, nella tradizione della dottrina sociale, una riflessione sulle istituzioni internazionali. Nel XXI il potere degli Stati nazionali si è indebolito, perché il mercato con carattere transnazionale prevale sulla politica.

Nella parte finale scrive: «Bisogna assicurare il dominio incontrastato del diritto e l'infaticabile ricorso al negoziato, ai buoni uffici e all'arbitrato, come proposto dalla Carta delle Nazioni Unite, vera norma giuridica fondamentale» (FT 257). Occorre evitare che l'Onu sia delegittimata, perché i suoi problemi possono essere affrontati e risolti dalla mediazione politica e dai negoziati multilaterali.

Per questo la dimensione olistica su cui fondare una "democrazia ecologica" per la Chiesa si fonda su due poli: l'inseparabilità «della preoccupazione per la natura, la giustizia verso i poveri, l'impegno nella società e la pace interiore», scrive Francesco nell'Enciclica *Laudato si'* (LS 10), e i quattro livelli dell'equilibrio ecologico: quello interiore con se stessi per sanare l'inquinamento del cuore, «quello solidale con gli altri, quello naturale con tutti gli esseri viventi, quello spirituale con Dio» (LS 210).

Ciò che trasforma profondamente la politica sono esattamente le caratteristiche intrinseche della fraternità politica descritte in parte anche da Aristotele nelle sue pagine più belle: la fedeltà, l'accoglienza, la parità, la benevolenza e la gratuità. Ma esiste anche un'altra peculiarità dell'amicizia: la presenza, un gesto capace di andare al di là di qualsiasi parola. Per favorire questo processo è però necessario che la Chiesa spalanchi le sue porte e offra i suoi spazi per formare politicamente i suoi giovani[12]. Ne aggiunge un'altra Francesco: «Cos'è la tenerezza? È l'amore che si fa vicino e concreto. È un movimento che parte dal cuore e arriva agli occhi, alle orecchie, alle mani. [...] In mezzo all'attività politica, i più piccoli, i più deboli, i più poveri debbono intenerirci: hanno "diritto" di prenderci l'anima e il cuore» (FT 194).

Occorre dunque investire energie e tempo sulla spiritualità della fraternità. Per la Chiesa esiste una via d'uscita, quella di ricominciare da «posti

---

[12] Per costruire "amicizia sociale", intesa come processo politico, occorre passare per la via stretta delle comunità e aiutare le popolazioni e le culture a porsi una domanda radicale: «Chi è la persona titolare di diritti?». La risposta a questa domanda emerge nelle soluzioni pratiche, ad esempio nel modo in cui uno Stato rispetta gli immigrati, i carcerati, i poveri, le famiglie bisognose, i bambini abbandonati, le donne violentate, gli anziani, i rifugiati e gli sfollati che sono circa 45 milioni. L'Italia può dirsi rispettosa di questa nuova etica?

piccoli, vicino a casa, il quartiere in cui si vive, la scuola che si frequenta, la fabbrica, il campo o l'ufficio in cui si lavora», come ricordava Eleanor Roosevelt, una tra i protagonisti della Dichiarazione dei diritti dell'Uomo del 1948.

È per questo che sono esperienze luminose anche i testimoni silenziosi e le piccole parrocchie sperdute che testimoniano amicizia e prossimità.

BIBLIOGRAFIA

Bergoglio J.M., *El verdadero poder es el servicio*, Buenos Aires: Editorial Claretianum 2007.

Bergoglio J.M., *Noi come cittadini noi come popolo*, Città del Vaticano: Ed. Vaticana -Jaka Book 2011.

Francesco con Wolton D., *Dio è un poeta*. Milano: Rizzoli 2018.

Guardini R., *L'opposizione polare*, Brescia: Morcelliana 1997.

Narvaja J.L., «Il concetto "mitico" di popolo. Papa Francesco lettore di Dostoevskij», *La Civiltà Cattolica*, III (2018).

Occhetta F., *Fede e giustizia. La nuova politica dei cattolici,* Cinisello Balsam (MI): San Paolo 2021.

Occhetta F., *La giustizia capovolta. Dal dolore alla riconciliazione*, Milano: Paoline 2016.

Occhetta F., *Le politiche del popolo. Volti, competenze e metodo*, Cinisello Balsamo (MI), San Paolo 2020.

Papa Francesco con Dominique Wolton, *Dio è un poeta*. Milano: Rizzoli, 2018.

Zagrebelsky G., *Il «crucifige!» e la democrazia*, Torino: Einaudi 1995.

Violenza e Perdono.
La misericordia difficile

Gaetano Piccolo

1. Il perdono in *Fratelli Tutti*

L'enciclica dedica specificamente i nn. 236-254 al tema del perdono, presentando innanzitutto quelle che possiamo considerare delle visioni distorte del perdono, che inducono per esempio a non dare particolare peso ai conflitti, considerati come eventi normali della società, in quanto caratterizzano qualunque gruppo umano. Una tale visione potrebbe essere definita rassegnata o cinica. È inopportuno pensare al perdono anche all'interno di una visione combattiva, ossia di una prospettiva che esclude il perdono perché lo considera come una cessione di potere. C'è infine una visione che potremmo chiamare nietzschiana, quella cioè che ritiene la riconciliazione una cosa da deboli: perdonare sarebbe un modo per sfuggire ai problemi, nascondendo le ingiustizie (cf n. 236). Proprio perché queste visioni distorte sono diffuse, è necessario capire bene il senso del perdono e della riconciliazione.

Se da un lato è vero che Gesù non ha mai fomentato violenza o intolleranza (si veda per es. Mt 18,22 *perdonare fino a settanta volte sette*; Mt 18,23-35 dove il servo che è stato perdonato dal padrone viene punito per non aver fatto altrettanto con un altro servo), dall'altro lato bisogna riconoscere che la dottrina della Chiesa non ha mai escluso il conflitto *tout court* (il riferimento evangelico è in questo caso a Mt 10,34-36: *sono venuto a portare non la pace, ma la spada*): non si può scegliere il quieto vivere, la pace familiare, dove invece occorre prendere posizione, anche a rischio di generare conflitti (cf n. 240).

Emerge da questi paragrafi una stretta relazione tra perdono e giustizia, perdonare infatti non vuol dire, secondo Papa Francesco, permettere il perpetrarsi di un'ingiustizia: posso perdonare l'oppressore, ma ciò non vuol dire permettergli di continuare ad opprimere e neppure trasmettergli il messaggio che il suo comportamento sia accettabile. Amarlo vuol dire aiutarlo a smettere di opprimere, «è togliergli quel potere che non sa usare e che lo deforma come essere umano» (n. 241). La ricerca della giustizia ha come fine la difesa della dignità, propria e altrui. Diverso, e quindi da condannare, la pretesa subdola di usare il pretesto della giustizia per distruggere qualcuno. La ricerca di giustizia non può avere la sua motivazione nell'ira che fa male all'anima della persona e che immette comunque ulteriore male nella realtà (n. 242). Non si tratta di metterci d'accordo per fare del male a chi ha fatto male a noi, neppure se questa modalità passa attraverso forme apparentemente legali. Il primo passo è invece quello di riconoscere che l'ira che provo e la ferita che sento sono «un pezzetto di guerra che mi porto dentro», un focolaio da spegnere «perché non divampi in un incendio» (n. 243).

Lo scopo positivo della giustizia è quello di impedire a chi ha fatto del male di continuare a farlo: solo in questo senso il perdono non annulla l'esigenza della giustizia. Per questo la vera riconciliazione può non sfuggire al conflitto, talvolta essa avviene *nel* conflitto, attraverso quella che potremmo chiamare una trattativa o anche una forma di contrattualità (*termine mio*).

Un pericolo da evitare, dice Papa Francesco, è quello di confondere il perdono con un tentativo, a volte anche generoso, di dimenticare. Al contrario non solo dimenticare sarebbe una forma di ingiustizia (cf n. 252), ma è anche vero che ci aiuta una memoria del bene (cf n. 249). Questa dimenticanza da evitare diventa anche un monito alla politica che talvolta vorrebbe coprire le ingiustizie con un manto di oblio. Il perdono, da quanto emerge dall'Enciclica, è sempre personale: «non si possono chiudere le ferite per decreto [...] né si può perdonare in nome degli altri» (cf n. 246). Possiamo promuovere la riconciliazione, ma non possiamo arrogarci il diritto di perdonare al posto degli altri: né di quelli che ci hanno preceduto, né di quelli che non hanno voce.

Fratelli tutti si impegna anche nella proposta di una via (cf n. 250), una modalità, che potremmo chiamare la logica del *tuttavia* (termine che viene usato) o dell'*anche se*:

- quando ci sono cose che non possono essere negate, tuttavia, possiamo perdonare;
- quando c'è qualcosa che non va mai tollerato, giustificato o scusato, tuttavia, possiamo perdonare;
- quando c'è qualcosa che per nessuna ragione dobbiamo permetterci di dimenticare, tuttavia, possiamo perdonare.

Il perdono libero e sincero riflette l'immensità del perdono divino: «Se il perdono è gratuito, allora si può perdonare anche a chi stenta a pentirsi ed è incapace di chiedere perdono» (n. 250). Ed è qui che forse diventa interessante riflettere su quell'espressione di Derrida che è *perdonare l'imperdonabile*.

2. Un'icona biblica: Giuseppe e i suoi fratelli

La sapienza biblica descrive le dinamiche fondamentali del cuore umano. Quell'*in principio* che apre il libro della Genesi può riferirsi anche alle relazioni fraterne, che vengono presentate nella loro complessità, lungo il primo libro della Bibbia. La Genesi ci fa vedere come sia difficile essere fratelli, anzi, queste relazioni di fratellanza appaiono sempre problematiche: da Caino e Abele, a Esaù e Giacobbe, fino alla storia più articolare che riguarda Giuseppe e i figli di Giacobbe. Quest'ultimo racconto, nella sua profonda costruzione, descrive un itinerario con interessanti risvolti psicologici di grande attualità. C'è a mio avviso in questo racconto un duplice messaggio: il primo è che fratelli non si nasce, ma si diventa, attraverso un cammino molto articolato e faticoso; in secondo luogo appare come Dio possa trasformare una storia di male in una storia di salvezza.

Questo racconto ha molto a che fare con il tema della fratellanza difficile e della necessità del perdono. Lo capiamo subito anche dai termini utilizzati: la parola ebraica *ach*, fratello, ricorre nei capitoli 37-50 almeno cento volte, di cui ventuno solamente nel capitolo iniziale.[1] Nonostante ciò c'è un disconoscimento della fratellanza: i fratelli di Giuseppe non si riferiscono mai a lui con il suo nome proprio, ma lo appellano con il pronome. È come se il nome di Giuseppe fosse cancellato. Solo alla fine di questo itinerario pedagogico, i fratelli si riconosceranno figli di uno stesso padre e questo avverrà solo attraverso un'assunzione di responsabilità, attraverso la disponibilità a farsi carico della sofferenza dell'altro fino alla sostituzione. Laddove questo non avviene, la fratellanza rimane vuota e incompiuta.

Quello che il libro della Genesi ci presenta è una vera e propria crisi familiare, dove i ruoli sono confusi: il padre ha una predilezione nei confronti di Giuseppe, una predilezione ostentata, resa evidente dal segno di una tunica dalle lunghe maniche regalata al figlio Giuseppe, una tunica che sembra esonerarlo dal lavoro, come se Giuseppe non fosse figlio, ma padrone. Notiamo infatti che mentre i fratelli sono a pascolare a Sichem, Giuseppe rimane nella casa del padre. Ci sono quindi eccezioni e privilegi che non passano inosservati, ma che accrescono l'odio e il rancore, distruggendo lo *shalom*, cioè la pace nelle relazioni. Giuseppe, da parte sua, approfitta di questa condizione: il testo sembra alludere a una sorta di delazione da parte di Giuseppe che va a raccontare al padre le chiacchiere dei fratelli, sebbene non possiamo essere certi della natura del contenuto di queste confidenze. A ciò occorre aggiungere una sorta di narcisismo che sembra emergere dall'ingenuità con cui Giuseppe riferisce i suoi sogni, so-

---

[1] E. Appella, *Giuseppe di Giacobbe*, 36.

gni che vanno nella direzione di una conferma di una superiorità: i covoni dei fratelli che si piegano davanti a lui, le stelle con il sole e la luna che si inchinano davanti a Giuseppe. Se da una parte ci sembra esagerata la reazione dei fratelli che si sentono infastiditi dai sogni di Giuseppe, dall'altra parte ci preoccupa il fatto che Giacobbe non intervenga per mettere pace e per riportare un ordine nei ruoli. I sogni sono le ambizioni, le velleità, ma nulla di concreto, eppure fanno paura e mimano la fratellanza.

Giacobbe non solo non interviene in questa situazione, ma sembra non coglierne la gravità: a un certo punto manda infatti Giuseppe a cercare i suoi fratelli. Sembra un tentativo ingenuo di riparare alla crisi ormai dilagante. Ed effettivamente si tratta di un'imprudenza. Si crea infatti l'occasione per eliminare il sognatore. Le relazioni fraterne sono devastate qui dalla violenza, aprendo una spirale criminale: i fratelli per giustificare la scomparsa di Giuseppe ingannano il padre, affermando che Giuseppe è stata sbranato da una bestia feroce. Non è altro che l'immagine eloquente dell'odio fratricida. Fin qui la violenza. Ma il racconto vuole a questo punto spingerci a chiederci se ci sia una via d'uscita. È possibile riparare a questa violenza?

Il cammino non è immediato. C'è una distanza che si acuisce tra Giuseppe in Egitto e i figli di Giacobbe. C'è un tentativo da entrambe le parti di dimenticare, il rischio dell'oblio, che però non appare possibile. La vita ci riporta davanti a quelle situazioni che avremmo voluto cancellare e ci chiede in qualche modo di decidere cosa farne. Giuseppe, diventato ormai ministro importante nel governo del Faraone in Egitto, si ritrova davanti il volto dei suoi fratelli. La loro vita è adesso nelle sue mani: può decidere di appellarsi a una certa idea di giustizia, potrebbe perdonare dimenticando tutto quello che è accaduto, oppure, come di fatto accadrà, può costruire una pedagogia per aiutare i suoi fratelli a rileggere quello che hanno compiuto e portarli a diventare veramente fratelli.

Giuseppe costruisce una sorta di inganno per cui la sua coppa sarà ritrovata nel sacco di Beniamino, che in precedenza ha fatto venire con i fratelli rimandandoli a casa da Giacobbe. Beniamino è il figlio più piccolo e in base all'ordine dato da Giuseppe dovrebbe morire per aver sottratto quella coppa. Qui avviene il passaggio decisivo: Giuda si sostituisce nella morte a Beniamino! Avrebbe potuto lasciare Beniamino al suo destino, come un tempo aveva permesso che Giuseppe fosse venduto. Ma nel frattempo è avvenuto un cammino di maturazione attraverso la sofferenza e gli errori. Solo a questo punto, Giuseppe svela la sua identità e aiuta i suoi fratelli a rileggere tutto quello che è accaduto: essi sono scesi in Egitto per cercare il pane, ma hanno trovato il fratello, che è il pane che nutre la nostra vita.

Giuseppe non invita a dimenticare quello che è successo: quel male nei suoi confronti è stato compiuto, ma Dio sa entrare in una storia di male e la trasforma in una storia di salvezza.

Ritroviamo qui dunque quanto emerso dalla lettura dei paragrafi dell'Enciclica sul perdono: non si tratta di dimenticare, non si tratta di giustizialismo, ma si tratta di permettere a Dio di trasformare il male. In questa storia c'è un riconoscimento del male, viene guardato in faccia, raccontato, ma questo sguardo non lascia spazio alla condanna o alla resa dei conti, ma diventa l'occasione per crescere e trasformare la storia.

3. Sono forse io, Signore?

Nella Bolla d'indizione dell'Anno giubilare della Misericordia (2015), Francesco partiva dal volto misericordioso del Padre: è solo l'esperienza della misericordia ricevuta che genera un'apertura dell'uomo all'esercizio del perdono (n. 3 e n. 9). Prima di identificarsi con il Samaritano, occorre riconoscersi nell'uomo incappato nei briganti: *ero io l'uomo mezzo morto*.

La misericordia diventa retorica se comincio dalla presunzione di essere come il Samaritano-Gesù, senza passare attraverso l'umile riconoscimento di essere come l'uomo morente senza identità. Questa vulnerabilità, la possibilità di essere percossi e di percuotere, ci appartiene, ci attraversa, ed è la condizione che al contempo ci permette di essere misericordiosi.

Nessun discepolo può fare l'esperienza della misericordia se non riconosce di essere il possibile traditore: *sono forse io, Signore?* I discepoli non si meravigliano dell'accusa di Gesù, perché nel profondo del cuore sanno che ciascuno di loro potrebbe essere traditore come Giuda. Il perdono può iniziare solo laddove riconosco che il traditore potrei essere io.

A me sembra che quella stessa vulnerabilità che ci espone a diventare ora vittime ora carnefici sia la stessa condizione che garantisce la possibilità di intraprendere un autentico cammino di perdono. Perdonare vuol dire trovare una ragione per non ucciderti. Una ragione. Ecco perché laddove non c'è più ragione, motivo, valore o domanda, ci può essere spazio solo per la violenza a cui siamo di fatto costitutivamente e inevitabilmente esposti in quanto vulnerabili.[2]

---

[2] Si pensi non solo al discorso di Regensburg di Benedetto XVI, ma anche a quanto scrive Fabris: «Vi è infatti uno stretto legame tra violenza, insensatezza e indifferenza», in A. FABRIS, *TeorEtica*. 76. E anche quanto scrive N. BOBBIO: «quando gli uomini cessano di credere alle buone ragioni, comincia la violenza», in Ch. PERELMAN e L. OLBRECHTS-TYTECA, *Trattato dell'argomentazione*, xix.

4. Esposti nostro malgrado

L'esperienza del perdono, cioè la sua possibilità o impossibilità, rimanda a un'esperienza più originaria, di cui occorre prendere consapevolezza per comprendere il senso del perdono. Senza questa premessa, senza questo rimando all'origine, non si capirebbe dove realmente si colloca il perdono.

La comunicazione e il contatto, la parola e la sensibilità, sono le esperienze che quotidianamente rinnovano la nostra consapevolezza di essere esposti. Pur cercando innanzitutto di affermarci, di dare compimento al nostro *conatus essendi*, alla nostra brama di occupare la scena nel mondo, siamo inevitabilmente noi stessi oggetto dell'azione del mondo: nel baciare e nel toccare, nel guardare o nel parlare ci ritroviamo noi stessi a subire, sia pure a volte *nostro malgrado*, un effetto che non avevamo previsto.[3] Ci scopriamo passivi davanti a un mondo che ci precede. Non siamo mai né primi né soli, ma c'è sempre qualcun altro di cui tener conto.

Non perché l'abbiamo scelto, ma in virtù di questa passività, ci ritroviamo, *nostro malgrado*, responsabili davanti a un mondo che ci attende già. Non possiamo farne a meno, ci scopriamo sempre ostaggio di qualcun altro. Si tratta di una condizione così invadente, che non a caso genera di frequente il tentativo, più o meno esplicito, di liberarsi da questa condizione. Possiamo liberarci di qualcuno, ma non possiamo mai sottrarci alla nostra nudità. Possiamo mettere e togliere le maschere, ma non possiamo sottrarci alla nudità essenziale della nostra pelle.

La presenza costante di qualcun altro mi sottrae al godimento esclusivo di me stesso. Ed è proprio questo dolore, come interruzione del mio personale godimento di me stesso, che mi strappa però provvidenzialmente alla chiusura dell'io.[4] Il dolore è uno strappo provvidenziale che mi permette di vedermi quale sono veramente: esposto e aperto.

La scoperta, o anche la semplice percezione della propria vulnerabilità, può generare o la follia omicida (verso se stessi o verso l'altro, la depressione o la violenza) o può generare la cura per il bisogno dell'altro, quando lo riconosco vulnerabile come me, si tratta cioè di prendersi cura di un legame che non ho scelto, ma che mi costituisce e dice chi sono.[5] La violenza invece tradisce la natura di questo legame anarchico, anarchico perché mi si dà senza che io possa mai trovarne l'origine.

---

[3] G. FERRETTI, *Soggettività*, 83.

[4] E. LÉVINAS, *Altrimenti che essere*, 71.

[5] E. LÉVINAS, *Altrimenti che essere*, 92: «Quest'ultima [la vulnerabilità] ha senso solo come "prendersi cura del bisogno dell'altro", delle sue infelicità e delle sue colpe, cioè come dare».

Questa nudità, mia o tua che sia, suscita inevitabilmente la brama (mia, tua o di un terzo, cioè di un'istituzione, di un potere costituito, di un sovrano o del politico) di possesso che si esprime mediante la violenza.

Il potere, mediante la violenza, può mettere le mani sulla nuda vita.

Portata alle estreme condizioni, la nuda vita è quella dell'*homo sacer*, nell'accezione che questa espressione assumeva nella giurisprudenza romana: colui che è stato condannato per un delitto e pertanto non è sacrificabile, cioè non è utilizzabile per il sacrificio, ma al contempo è uccidibile, senza che l'assassino sia imputabile. L'*homo sacer* è colui la cui vita non vale talmente nulla da poterne fare qualunque cosa senza risultarne colpevoli.[6]

Se non posso sacrificarti, almeno posso ucciderti. Se non sei sacrificabile, vuol dire che la tua vita non vale niente. Dove tutto perde significato, persino la tua vita, non resta altro da fare che ucciderti. L'impossibilità del sacrificio indica una perdita di valore. La scomparsa di ogni forma di sacrificio si traduce nella scomparsa di ogni motivo che possa rendere la vita degna di essere vissuta.

5. Il sacrificio come alternativa alla violenza

La violenza è dunque l'altra faccia della vulnerabilità, per questo forse la metafora del sacrificio esprime un tentativo di arginare la spirale di violenza: riverso sulla vittima la violenza che mi abita per evitare di esercitarla su un altro vulnerabile come me. L'atto del sacrifico esprime quindi innanzitutto la consapevolezza di essere al contempo vulnerabili e violenti. L'azione sacrificale è un modo per incanalare la violenza.

Dagli studi di Girard abbiamo imparato il carattere di ambivalenza della vittima: «È criminale uccidere la vittima perché essa è sacra...ma la vittima non sarebbe sacra se non la si uccidesse. Si ha qui un circolo che riceverà in seguito, e conserva ai giorni nostri, il nome sonoro di *ambivalenza*».[7] Pur in questa ambivalenza, sta di fatto che il sacrificio rappresenta un tentativo di dare senso alle cose. È come se oggi il riemergere della violenza ci avvertisse della nostra incapacità di trovare altri modi - dal momento che i riti sacrificali religiosi sono stati svuotati del loro significato - per dare senso al mondo.

Il sacrificio esprimeva nelle culture antiche uno spostamento: la violenza è spostata su individui o animali ritenuti meno degni. È importante perciò che la vittima somigli in qualche modo a colui di cui prende il posto.

---

[6] G. AGAMBEN, *Homo sacer*, 79: «uomo sacro è, però, colui che il popolo ha giudicato per un delitto; e non è lecito sacrificarlo, ma chi lo uccide, non sarà condannato per omicidio».

[7] R. GIRARD, *La violenza e il sacro*, 13.

Sostituzione e somiglianza sono dunque elementi essenziali affinché il sacrificio possa svolgere questa funzione di spostamento della violenza. È evidente che anche il sacrificio di Cristo risponde a queste caratteristiche: non sarebbe stata possibile la sostituzione sacrificale senza l'incarnazione. Dio deve somigliare all'uomo per poterlo sostituire come vittima nel sacrificio. La violenza che l'uomo avrebbe meritata è presa da Cristo su di sé.

La dimensione simbolica e religiosa del sacrificio permette quindi di prendere atto della propria vulnerabilità, ma consente al contempo di trovare un modo per incanalare la violenza che ne consegue.

Laddove la metafora del sacrificio non riesce più a svolgere questa funzione, soprattutto perché legata a una dimensione religiosa della vita percepita come inadeguata ai tempi, occorre che qualcos'altro svolga quella funzione di consapevolezza e di incanalamento. A mio avviso è questo il senso del perdono nella società contemporanea.

6. Fino a settanta volte sette: la poesia del perdono

Non fino a sette volte, ma fino a settanta volte sette! A proposito del perdono, Gesù sembra suggerire una pienezza che non è quella della legge, ma quella del cuore, una pienezza dunque che non può dirsi mai definitivamente soddisfatta. Il perdono, come il desiderio, non può trovare mai pieno compimento.

E proprio Pietro, che pose quella domanda, interrogandosi sulla sua capacità di perdonare, potrà comprendere la risposta di Gesù solo nel momento in cui diventerà consapevole di essere innanzitutto lui il carnefice che deve essere perdonato. Senza l'incontro con il Risorto sul lago di Tiberiade, Pietro non avrebbe compreso la risposta di Gesù sull'esigenza del perdono. Sul lago di Tiberiade, Pietro non si ritrova sotto uno sguardo giudicante e indagatore: Gesù non gli chiede perché lo abbia abbandonato, non gli chiede conto del passato, ma lo interroga sull'amore. In quelle tre domande che Gesù rivolge a Pietro c'è un progressivo ridimensionamento: nelle prime due domande Gesù usa il verbo *agapao*, ma dal momento che Pietro risponde sempre con il verbo *fileo*, il verbo che indica l'amore di amicizia, Gesù accetta di usare nella terza domanda lo stesso verbo di Pietro, come a dire: «va bene Pietro, se adesso tu senti che è questo che puoi mettere a disposizione nella nostra relazione, cominciamo da qui, partiamo dalle risorse che tu senti di poter mettere in gioco positivamente in questa relazione».

La misericordia è difficile perché vuol dire arrivare a guardare l'altro con questo sguardo incondizionatamente positivo – come usava dire C. Rogers -, che è lo sguardo già del divino, ma è anche lo sguardo che ci restituisce pienamente alla nostra umanità, alla condizione esistenziale di quello che possiamo mettere a disposizione l'uno dell'altro nel riconoscimento della nostra comune vulnerabilità.

"Perdono" è termine medievale. In epoca antica si usavano "donare" e "condonare". Il perdono equivale in pratica a *lasciare all'altro ciò che mi dovrebbe*. Il termine "perdono" fa il suo ingresso nel linguaggio per indicare il dono perfetto. Aggiungerei però che vuol dire anche lasciare all'altro quel carico di odio e di violenza che vorrebbe consegnarmi. Per questo il perdono libera innanzitutto colui che lo dà.

Il termine perdono è rintracciabile per la prima volta in una traduzione latina di una favola di Esopo ad opera di un certo Romulus (IV-V sec. d.C.). Egli traduce con "*aliquem incolumitate perdonare*" quella che era invece la forma usata fino ad allora "*aliquem incolumitate donare*" per dire la concessione a qualcuno della salvezza della vita. Già nel 1300 lo troviamo poi per indicare il perdono di tutti i peccati attraverso l'indulgenza degli anni giubilari.

In pratica il termine "perdonare" è stato assunto dal linguaggio popolare per esprimere un concetto che era difficile tradurre con i termini del linguaggio classico, nasce quindi per esprimere un eccesso non una norma.[8] Il rischio perciò di una riflessione sul perdono è quello di ricondurlo entro l'alveo di una definizione giuridicamente convincente. È necessario invece, come sostiene anche Derrida, che il perdono mantenga un suo tratto equivoco:

> Vorrei suggerire che il perdono (accordato o domandato), l'indirizzo del perdono, deve, se ce n'è, restare per sempre indecidibilmente equivoco. Con questo non voglio dire ambiguo, torbido, a mezze tinte, ma eterogeneo a ogni determinazione dell'ordine del sapere, del giudizio teoricamente determinante, della presentazione di sé di un senso appropriabile.[9]

La violenza, quella di cui noi stessi possiamo essere capaci, ci mette davanti a una domanda limite che ha il vantaggio di far emergere il carattere specifico del perdono: ci sono crimini, infatti, che si presentano così atroci ed efferati al punto da essere ritenuti imperdonabili. Ritenere un crimine imperdonabile rivela però che la nostra riflessione si sta muovendo ancora su un piano giuridico e confonde perdonare con assolvere. In tal senso il linguaggio religioso del sacramento della riconciliazione non aiuta a tener distinti i due livelli. Il perdono, proprio come afferma Papa Francesco nei paragrafi della *Fratelli tutti*, da cui siamo partiti, non è l'alternativa alla giustizia e non sottrae il colpevole alla punizione. Così come perdonare non è dimenticare: Derrida ricorda che in inglese *forgive* non è *forget*.[10]

---

[8] Cf. P. Gilbert, *Sapere e sperare*, 331-335.

[9] J. Derrida, *Perdonare*, 65.

[10] J. Derrida, *Perdonare*, 25.

Personalmente penso al perdono come un cammino dagli effetti imprevedibili, ma che ha il suo inizio nella domanda dei discepoli nell'Ultima cena: *sono forse io, Signore?* Il perdono nasce dal riconoscimento della vulnerabilità condivisa: al tuo posto potrei esserci io. Ma il riconoscimento di questa vulnerabilità non basta, è solo il primo passo. Occorre infatti trovare un motivo per non approfittare di questa vulnerabilità, scoprire ciò che mi permette di non ucciderti, qualcosa cioè che svolga la funzione esercitata dal sacrificio nelle religioni antiche, trovare un motivo per cui la vita è degna di essere vissuta, una ragione per cui valga la pena che tu e io continuiamo a vivere. Perdonare è entrare in questa ricerca di senso. Il perdono cioè ferma la spirale di violenza (non esclude la giustizia). E in questo senso comprendiamo il passaggio che Gesù stesso mutua dal linguaggio profetico: *misericordia voglio, non sacrificio*.[11] Il perdono come sostituzione del rito sacrificale. In questo senso Gesù perdona sostituendosi alla vittima nel sacrificio.

Il perdono sostituisce il sacrificio cruento perché è esso stesso sacrificio dell'io. Il perdono implica una dimensione sacrificale. Anche nel perdono infatti avviene un sacrificio mediante sostituzione e somiglianza: sacrifico il mio IO, quell'Io che somiglia a TE, per la comune e condivisa vulnerabilità, somiglia a quel TU che io sono chiamato a sostituire, perché sono inevitabilmente responsabile della tua vita. Mi trovo davanti la tua nudità e davanti alla tua nudità posso solo o accoglierla o distruggerla.

Il cammino del perdono non si muove dunque sul piano giuridico. La colpa commessa rimane. L'altro resta imputabile di un crimine e sarebbe presuntuoso e delirante pensare di poter sottrarre il colpevole alla sua colpa. Il perdono incontra il colpevole non la colpa: «Sono i crimini a essere dichiarati imprescrittibili. Ma sono gli individui a essere puniti. In quanto colpevole significa punibile, la colpevolezza risale dagli atti ai loro autori».[12] Non abbiamo il diritto di assolvere, ma la possibilità di comprendere. Non possiamo sostituire la grazia alla giustizia.[13]

Proprio perché non si pone sul piano della giustizia, ma su quello della grazia, il perdono non può essere normativo.[14] Esso rimane, come abbiamo detto, necessariamente equivoco. Questo carattere equivoco può essere detto solo in un linguaggio poetico: il perdono può essere al più raccontato, evo-

---

[11] Cf. Mt 9,13 e 12,7.

[12] P. Ricoeur, *La memoria*, 671.

[13] P. Ricoeur, *La memoria*, 670.

[14] Derrida direbbe: il perdono non è, non dovrebbe essere né normale, né normativo, né normalizzante. Esso dovrebbe restare eccezionale e straordinario, a prova dell'impossibile, come se dovesse interrompere la corrente ordinaria della temporalità storica. Cf. P. Ricoeur, *La memoria*, 665.

cato, cercato. La carità, che contiene la misericordia, è infatti racchiusa da san Paolo in un inno poetico non in una prosa normativa: *se anche...ma non avessi*.[15] Siamo rimandati anche qui a una mancanza che mi spinge a cercare, a una fragilità a cui non posso sottrarmi, ma proprio questa mancanza diventa generativa e mette in moto. La carità scusa tutto, dunque non ci può essere l'imperdonabile, anch'esso è compreso in quel *tutto*. Anzi, è proprio davanti a ciò che giuridicamente risulta imperdonabile, che il perdono si staglia con la sua differenza irriducibile alla giurisprudenza. Come scrive Derrida in *Le siècle et le pardon*: «Non si può o non si dovrebbe perdonare, non c'è perdono, se ce ne fosse, se non là dove c'è l'imperdonabile».[16]

Davanti al crimine imperdonabile sta la nostra capacità di amare o meno assolutamente. In questo senso il perdono è la possibilità di recuperare la pienezza della nostra umanità, che, a quanto pare, viene a coincidere con la capacità di avere sulle cose lo stesso sguardo di Dio.

La misericordia è faticosa perché ci chiede di assumere la vulnerabilità che non vorremmo vedere, è faticosa perché ci chiede di non smettere di cercare una ragione per vivere, è faticosa perché non può essere liquidata né con un'amnistia, né con una prescrizione, né con l'eccezione a una norma. Il perdono è un racconto aporetico *fino a settanta volte sette*. Richiede il sacrificio di sé.

BIBLIOGRAFIA

AGAMBEN G., *Homo sacer: Il potere sovrano e la nuda vita*, Torino: Einaudi 2005.

APPELLA E., *Giuseppe di Giacobbe: Racconto della fraternità compiuta*, Milano: Paoline 2021.

DERRIDA J., *Perdonare: L'imperdonabile e l'imperscrittibile*, Milano: Raffaello Cortina 2004.

FABRIS A., *TeorEtica: Filosofia della relazione*, Brescia: Morcelliana 2010.

FERRETTI G., *Soggettività, alterata e trascendenza: Introduzione e commento ad Altrimenti che essere di Emmanuel Levinas*, Macerata: Università di Macerata 1994.

GILBERT P., *Sapere e sperare: Percorso di metafisica*, Milano: Vita e Pensiero 2003.

GIRARD R., *La violenza e il sacro*, Milano: Adelphi 1980.

---

[15] P. RICOEUR, *La memoria*, 662.
[16] Cit. in P. RICOEUR, *La memoria*, 663.

Lévinas E., *Altrimenti che essere o al di là dell'essenza*, Milano: Jaca Book 1983.
Perelman C. e Lolbrechts-Tyteca L., *Trattato dell'argomentazione: La nuova retorica*, Torino: Einaudi 2001.
Ricoeur P., *La memoria, la storia, l'oblio*, Milano: Raffaello Cortina 2003.

Fratelli tutti:
The Dream of God for a More Human World

Luis Antonio G. Tagle

Let me start with a comment on the method I will seek to employ in this presentation. It is often noted that St. Francis of Assisi has inspired Pope Francis in the choice of topics for his encyclicals. St. Francis' call to rebuild God's Church is connected to *Evangelii Gaudium* (EG), in which Pope Francis envisions a Church that is missionary and not self-referential. St. Francis' canticle praising God the Creator and celebrating the interconnectedness of all creatures runs through the encyclical *Laudato si'* (LS), on the care of our common home. St. Francis' admonition to love a brother or sister whether far from or near you serves as the leitmotif of the encyclical *Fratelli tutti* (FT). In a sense, we cannot dwell on one encyclical without touching the other two. In my presentation, therefore, I will navigate through the three encyclicals as I share my reflections inspired by FT.

These reflections do not aspire to be an academic treatise, but are offered as a meditation on themes of the encyclical. After contextualizing the document within the Biblical vision of fraternity and the present world's need for fraternity, I would like to reflect on three concrete calls of FT, three paths towards the more human world, which is God's dream for us: conversion to justice; respect and dialogue; and building peace.

1. Getting in touch with the Bible and the world as it is

In order to appreciate the message of FT more deeply, it might be helpful to situate the encyclical in the context of the Biblical vision and the reality of our world today.

Fraternity in the Bible

First, let me attempt a brief survey of episodes in the Bible featuring blood sisters and brothers. Cain and Abel are the first siblings that come to mind (Gen. 4:1-16). Their story reminds us that the first recorded crime in the Bible after the fall of Adam and Eve was fratricide, a brother killing his brother. God, however, "saved" fraternity by putting a mark on Cain "so that no one would kill him at sight."

We recall Abraham's sons Ishmael, son of the slave Hagar and Isaac, son of Sarah (Gen. 21:9-13). With a heavy heart, Abraham sent Ishmael and Hagar away but God promised to make a nation of Ishmael also. How can we forget Esau and Jacob, the twin sons of Isaac (Gen 25:19-34)? Even in Rebekah's womb, they jostled against each other. Jacob's sons tried to kill their brother Joseph but later decided to sell him to Ishmaelite traders (Gen. 37), a case of human trafficking. Nevertheless, God used the forced migration of Jacob's sons to Egypt to restore their brotherhood. Aaron and Miriam were jealous of their brother Moses' privileged standing before God and the people. When Miriam was stricken with leprosy as a punishment, Moses pleaded with God for her healing (Num. 12:1-15). In all these, we encounter stories of fraternity broken but restored by God.

We now jump forward to the time of Jesus. According to the Gospel of John, Andrew, who had known Jesus first, joyfully brought his brother Simon Peter to Jesus (Jn. 1:35-44). James and John, sons of Zebedee are brothers by blood and by ambition (Mk. 10:35-45). We love the siblings Martha, Mary, and Lazarus of Bethany, intimate friends of Jesus (Jn. 11), remembering that the sisters had different approaches in welcoming Jesus as a guest (Lk. 10:38-42).

Jesus, however, went beyond relationships of blood: "Whoever does the will of my heavenly Father is my brother, and sister, and mother" (Mt. 12:50). The letter to the Hebrews describes Jesus as our High Priest and compassionate intercessor before the Father in these words: "He who consecrates and those who are being consecrated all have one origin. Therefore, he is not ashamed to call them 'brothers' and 'sisters'" (Heb. 2:11). The Scriptures emphasize that God is the source and protector of fraternity and sorority. What a beautiful vision and dream fulfilled by God in Jesus and the Spirit!

The world as it is

The Bible provides a compelling vision of God's dream of a human and fraternal world, but it would also help if we look at the world as it is, especially through direct contact with persons, families, and various conditions of life. We see, for example, how the Covid-19 pandemic has exposed social, cultural, economic, and political weaknesses that have been existing for a long time in our countries and in international relations but have remained largely ignored. Unfortunately, the pandemic has made them worse.

We know that the lack of fraternity or caring for other people co-exists with behaviors and practices that damage creation. The neglect of neighbors and the misuse of creation are mutually dependent and reinforce each other. Pope Francis expresses this reality in the following way: "The human environment and the natural environment deteriorate together; we cannot adequately combat environmental degradation unless we attend to causes related to human and social degradation." (LS No. 48). While environmental disasters affect all people living in a place, the poor are more devastated than others. After a calamity, whether natural or caused by human beings, the poor are easily forgotten and remain forgotten for a long time. Conversion to social friendship and ecological conversion do not come automatically. It is easy to fall back to the *status quo* of indifference.

Pope Francis sees one possible reason for this neglect of the poor:

> This is due partly to the fact that many professionals, opinion makers, communications media and centers of power, located in affluent urban areas, are far removed from the poor, with little direct contact with their problems. They live and reason from the comfortable position of a high level of development and quality of life well beyond the reach of majority of the world's population. This lack of physical contact and encounter, encouraged at times by the disintegration of our cities, can lead to a numbing of conscience and to tendentious analyses which neglect parts of reality. (LS No. 49).

We hope that this does not happen to us. Let it not be said that we engage only in "green talk or rhetoric" or "fraternal talk" without entering into friendship with the poor. Personal encounter with the wounded earth and personal encounter with the wounded poor who bear the wounds of the earth should be part of our continuing formation in caring for our common home and in promoting social friendship.

Personally, I have been disturbed, awakened, and formed many times by visiting places destroyed by earthquakes, typhoons, floods, toxic wastes, and wars. As I looked and stood speechless before collapsed houses, buildings and churches, my heart bled to see unburied corpses on the streets, grieving mothers, helpless fathers, hungry children. For me, refugee camps have offered sights, smell and sounds of a suffering humanity, running away from environmental disasters, poverty, and violence. These encounters have been occasions for formation and a change of thinking and priorities. Without such encounters, one will not feel the urgency of rebuilding fraternity and social friendship.

2. Conversion to justice.

Pope Francis calls for integral ecology or ecological *justice* in the whole fourth chapter of LS, ending with inter-generational justice (LS No. 162). The first chapter of FT, entitled "Dark Clouds over a Closed World" describes different manifestations of injustice. Pope Francis clearly indicates that building up fraternity requires that we be formed again in the ways of justice as citizens of the earth, as brothers and sisters to everyone.

The prophet Isaiah offers a vision of this conversion to justice. In the opening chapter, he describes Israel as "a people laden with wickedness." (Is. 1:4) What is the root of this wickedness? God says, "Children have I raised and reared, but they have disowned me…They have forsaken the Lord." (Is. 1:2, 4). The people have turned to the worship of idols, which have taken the place of the living God. Externally, Israel continued to celebrate religious festivals and to offer sacrifices, burnt offerings, prayers. But their sacrifices were worthless and even loathsome to God. Why? Because the hands offering those sacrifices were covered with blood (Is. 1:15). When idols are worshiped in place of the true God, the hands that offer prayers and sacrifices are often full of blood, even the blood of other human beings. The situation, however, is not hopeless. How can Israel's prayers and sacrifices be acceptable to God again? Through concrete actions directed at very concrete human beings: "Cease doing evil, learn to do good; make justice your aim; redress the wronged, hear the orphan's plea, defend the widow" (Is. 1:17).

This vision of Isaiah is reiterated many times and in different ways by Pope Francis in his two encyclicals LS and FT. To reverse personal acts of injustice, as well as institutional, social, cultural, and political injustices, we need conversion to the true God. In LS 2, Pope Francis says, "We have come to see ourselves as the earth's lords and masters, entitled to plunder her at will." We ourselves have become the idols that we worship and serve! By contrast, St. Francis of Assisi, who inspired the encyclical, "was a mystic and a pilgrim who lived in simplicity and in wonderful harmony with God, with others, with nature and with himself." (LS No. 10). In FT No. 4, Pope Francis again reminds us of St. Francis who taught universal fraternity and love. Where does St. Francis locate universal love? In God who is love, according to the first Letter of John: "God is love and those who love, abide in God." (1 Jn. 4:16)

In forsaking idols, and in returning to the God who is the origin and Father of all, we learn to see, hear, touch, approach, love and serve those whom God loves. This means every human being, for every person is a beloved child of God. This means our beautiful earth as well, which St. Francis called Sister and Mother Earth. God loves all that He has created. In God, we discover how to open ourselves to others.

When we turn to idols, however, we begin to close our eyes, ears, hearts, and hands; we close our families and our groups, pretending that the others and the earth do not have needs. That is the result of the worship of idols. Pope Francis, in the first part of FT describes the many signs of a closed world. Injustice happens when we start closing ourselves to others. We defend ourselves, our interests and our groups against the others who appear as threats or even as enemies. For our self-defense and the promotion of self-interest, we will even destroy creation. Creation becomes my property to serve only me, my group and my interests. Creation that is meant to benefit everyone, is ransacked for the benefit of a few people.

By way of contrast, loving the way God loves everyone will lead us to service. In FT No. 115, Pope Francis says, "service is never ideological (meaning, it is not just for a particular group or my group), for we do not serve ideas. We serve people." In other words, justice is not an idea; justice is about people, people who must be given what they deserve: respect, recognition, love.

Justice, on the other hand, blossoms where love is open to all. There is a beautiful description of universal love in FT Nos. 94 to 97: a love that is open to all (rather than being closed within my group, my interests and myself); a love that seeks union with others; a love that sees the value and beauty of others as they are (not as I want them to be). It seeks what is good for others and does not exclude them. It is a love that will be just, that will not oppress, manipulate, or take advantage of others, because this is how God loves. This is how Jesus loved: he died for all. He embraced every person as a brother and sister. This is how the Spirit blows. The Spirit gathers all and re-creates the world.

For Pope Francis, this "ever more open" love (No. 95) is nurtured not just by ideas but also by encounters with real persons, especially the poor, the excluded, the vulnerable, those whom Pope Francis poignantly describes as "hidden exiles, who are treated as foreign bodies in society." (No. 98). Pope Francis invites us to live in solidarity starting in our homes, in our families, in our schools, in our parishes, in our use of social communication. All the avenues are there for us to build solidarity.

3. Respect, dialogue and populism.

This year marks the tenth anniversary of the document *Christian Witness in a Multi-Religious World*,[1] a joint project of the Pontifical Council for Interreligious Dialogue, the World Council of Churches, and the World Evangelical Alliance. The call of the document for respect for all peoples and building interreligious relationships is strongly affirmed by FT, but faces a contemporary challenge in populism.[2] Sadly, so-called populist demagogues use (or misuse) religion for their interests, undermining efforts at developing interreligious relationships.

There is a need for more studies on populism in the light of FT. Some recent studies offer some insight into what the religions of the world are called to do to promote the dialogue that is part of social friendship. Let me mention two. Pankaj Mishra´s *Age of Anger. A History of the Present*[3] sketches a history of the paranoia and hatred we are experiencing in our time. One of his fundamental insights is that the people who have been excluded from the promised benefits of modernity have become frustrated and angry. They then become easy prey for demagogues who ignite their anger towards "elites" and other imaginary "enemies". They rally behind these "messianic figures", some of whom utilize religious language and images to generate an almost "religious" battle against those who do not belong to their group. Mishra's account of the anger that makes the excluded sectors of society entrust their future to messianic or paternalistic leaders should motivate the religions of the world to attend to the excluded or those in the peripheries, as Pope Francis often invites us to do. The victims of societal exclusion should not be victimized further by agitators. They need and deserve genuine respect, concern and caring.

Another study that may provide useful ideas is the book *Saving the People: How Populists Hijack Religion*.[4] The authors show that the populist instrumentalization of religion emphasizes not faith but belonging to

---

[1] See https://www.vatican.va/roman_curia/pontifical_councils/interelg/documents/rc_pc_interelg_doc_20111110_testimonianza-cristiana_en.html

[2] It is interesting to note that Pope Francis sees the use of the word "populism" as problematic because it disregards the legitimate meaning of the word "people" (No.157). Social media has influenced daily language by spreading this problematic use of the words, "populism" and "populist". The Pope says, "As a result, they have lost whatever value they might have had, and have become another source of polarization in an already divided society. Efforts are made to classify entire peoples, groups, societies and governments as 'populist' or not. Nowadays it has become impossible for someone to express a view on any subject without categorized one way or the other, either to be unfairly discredited or to be praised to the skies" (No. 156).

[3] P. MISHRA, *Age of Anger: A History of the Present.*

[4] N. MARZOUKI, et al. *Saving the People: How Populists Hijack Religion.*

an "us" against a "them". The "us" represents the "good people" that must wage a battle against the evil "them". Among the suspicious "others" are immigrants and those who belong to the minority religions. The populist agenda thrives on the blurring of the distinctions between political positions and religious belief. If the authors' analysis is correct, then religions are challenged to find the right path of social engagement that does not make religion a tool for the promotion of a political group's interests rather than the common good. Pope Francis says, "Closed populist groups distort the word 'people' since they are not talking about a true people" (No. 160).

4. Building peace

In LS No. 57, Pope Francis states:

It is foreseeable that once certain resources have been depleted, the scene will be set for new wars, albeit under the guise of noble claims. War always does grave harm to the environment and to the cultural riches of peoples, risks which are magnified when one considers nuclear arms and biological weapons.

Violent conflicts wound creation and human beings. We need to be formed in the art of peace building.

In FT, the Pope speaks of "a world war fought piecemeal." (No. 259) Armed conflicts are rooted in and propagated by lies, injustice and vengeance. Tragically, in some cases, religion is invoked as a justification to start and spread violence. The Holy Father repeatedly makes an appeal in FT to stop seeking vengeance and instead to build peace. Vengeance begets violence. Vengeance passes on destructive prejudices and a polluted earth to future generations. It is scandalous that huge amounts of money are spent on arms, money that would be better used for food, water, education, medicine, housing, and jobs for the poor, as well as for cultivating and nurturing the earth.

I believe it is worth reflecting on what Pope Francis calls "a penitential memory" as a path to peace (No. 226). Conflicts and violence become part of individual and collective memories. Memories of violence lead to violent attitudes and behavior. For a wounded memory to become an agent of peace, it must acquire a penitential character based on truth, justice, and forgiveness.

Truth. No matter how painful the process might be, enemies need to face and speak the truth to each other. The sincere search for truth on the part of the conflicting parties can provide a common ground for encounter and dialogue. According to Pope Francis, a penitential memory "can accept the past in order not to cloud the future with their own regrets, problems and plans. Only by basing themselves on the historical truth of events will they be able to make a broad and persevering effort to understand one another and to strive for a new synthesis for the good of all" (No. 226). The memory that seeks conversion to the truth refuses to become a breeding ground for future hatred and destruction. "Truth should not lead to revenge but rather to reconciliation and forgiveness" (No. 227). In a dialogue between enemies governed by truth, everyone is open to the possibility that the other who might be in error or who might have acted badly could have a legitimate point of view (No. 228), for even one's enemies may possess elements of truth.

Justice. There will never be peace without justice. The promotion of justice is indispensable for peacebuilding. We must be careful, however, not to equate justice with revenge. Talk of justice could be used to hide a thirst for revenge. Nevertheless, we must recognize that violent conflicts and their perpetuation are often related to injustice, inequality, oppression, manipulation, and exclusion of others. The misuse of the goods of the earth due to greed inflicts violence on the poor. A penitential memory seeks justice through the building of a new society based on sharing and service. Acting justly means restoring a basic sense of belonging to everyone (No. 230) and protecting the dignity of all brothers and sisters, especially the victims of injustice (No. 233). The Holy Father says, "Those who work for tranquil social coexistence should never forget that inequality and lack of integral human development make peace impossible." (No. 231) Justice is not about vengeance but the reconstruction of the human family where everyone is respected, and everyone has access to the fruits of creation and of human labor.

Forgiveness. Ultimately, peace comes from forgiveness. However, *misconceptions* of forgiveness and reconciliation, that regard them as simply yielding ground to the enemy, as signs of weakness, as a renunciation of one's rights and therefore a tacit approval for evil to continue (No. 236), need to be corrected. Such distortions lead "to fatalism, apathy, and injustice or even intolerance and violence" (No. 237). Forgiveness does not mean allowing falsehood and injustice to prosper. Rather, Pope Francis says, "The important thing is not to fuel anger, which is unhealthy for our soul and the soul of our people, or to become obsessed with taking revenge and destroying the other. No one achieves inner peace or returns to a normal life that way" (No. 242).

We cannot force anyone to forgive another person. We can only encourage and foster it. Nor does forgiving mean forgetting the harm one has experienced. "Those who truly forgive do not forget. Instead, they choose not to yield to the same destructive force that cause them so much suffering"

(No. 251). I would say that forgiving is not forgetting but remembering in a different way. I remember that the one who has wounded me is a brother or sister with whom I share common weaknesses and pains. I also remember not to inflict the wound I have experienced on other brothers and sisters and on creation. By remembering, I become truthful, just, and merciful. With my brothers and sisters, we will rebuild our human family and care for the earth, remembering our pains as a source of patience and hope in the path of peace.

Conclusion. In my visits to Syria, Lebanon, Nagasaki, Hiroshima, Saigon, Cambodia, to name but a few, I have come to realize that, in the end, wars come from a decision to stop treating other people as brothers and sisters. Wars come from a decision to dominate over others even at the cost of destroying creation, cultures, and civilizations. It is therefore good to "go forth," to cross barriers and enter the wounds and memories caused by wars, to groan with sisters, brothers, and creation, to ask for forgiveness, to work for peace, to build each other up, to build a future together for our common human family and for our common home. We pray that, through our humble actions of building up fraternity and social friendship, God may make His dream come true.

BIBLIOGRAFIA

Marzouki N., McDonnell D., Roy O., eds., *Saving the People: How Populists Hijack Religion*, New York: Oxford University Press 2016.

Mishra P., *Age of Anger: A History of the Present*, New York: Farrar, Strauss and Giroux 2017.

Social Friendship, Religious Cooperation, and 'Starting Anew from the Truth': A Fundamental Theologian Responds to *Fratelli tutti*

Gerard Whelan

This paper begins with a relatively detailed presentation of the contents of *Fratelli tutti* and then interprets it from the standpoint of the discipline of fundamental theology. Before proceeding in this way, it seems appropriate to offer a word of explanation as to what this sub-discipline of theology that the current author represents is.

As the name suggests, fundamental theology addresses questions upon which one needs to be clear before one begins a study of more specific dogmatic themes in theology, such as the Trinity, the Church, etc. Traditional questions that have been treated by fundamental theologians have included: What is revelation? What is faith? Is faith credible today? Can theology be regarded as a respectable academic discipline? Since Vatican II, a further set of questions have risen in importance: What method should one use in doing theology? How does academic theology relate to the pastoral practice of the Church? What do notions such as attending to "the signs of the times", or adopting "a preferential option for the poor" have to do with theology? As will become evident, it is not an imposition on the thought of Pope Francis to approach it from the perspective of fundamental theology, as the Pope is highly concerned with these kind of questions. This chapter studies *Fratelli tutti* in four parts: "What's in It?", "What's Old?", "What's New?", and, "What's Next?"

Part One: What's in It?

Before outlining the content of each chapter of this encyclical, I offer two introductory comments. First, like virtually every other document produced by Francis, this letter follows an inductive method, adopting a structure that is known as the "Pastoral Circle", which involves three steps: "See", "Judge", and "Act". Chapter One, "See", conducts a study of the situation in the world today; Chapters Two to Four, "Judge", evaluate the reality that has been described. Chapter Five can be understood as including characteristics of both "Judge" and "Act". Finally, Chapters Six to Eight have an exhortatory tone and fit clearly into the step "Act". Second, this is a highly personal document. The Pope does not attempt a systematic and linear reflection on one or two clearly-defined themes but, rather, begins with an analysis of the world situation in the early 2020s and then reflects, in a somewhat spiralling manner, on how to respond to this situation. As the title of the encyclical indicates, the notion of fraternity, or social friendship, emerges as a central theme.[1]

Regarding this second point, I propose a metaphor to describe the encyclical. It resembles the Late String Quartets of the composer Ludwig van Beethoven. These quartets did not have the systematic structure, energy, or grandeur of the symphonies that Beethoven wrote in his prime. Rather, they are the product of a man approaching the end of his life. Some aspects of these works are nostalgic, poignant, and take up melodies treated in earlier years. However, other aspects are startlingly innovative, exhibiting rhythms, discords, and combinations of melodies that anticipate the development of music in later centuries. As one turns to a study of the papal encyclical, one notes a similar combination of repetition of themes already treated and striking innovation.

Chapter One: "Dark Clouds Over a Closed World"

While Pope Francis begins most of his magisterial documents with an exercise in the step "See", this particular chapter does so with a difference. Sadly, but insightfully, the title of the chapter already indicates that it will offer an analysis of the state of the world that is more negative than ever before. One obvious reason for this is the Covid crisis ("Pandemics and Other Crises in History" [Nos. 36-41]). However, in his Introduction, Francis makes clear that he had already begun writing this encyclical before the pandemic began.

The title of the first section, "Shattered Dreams", begins to reveal the main reasons for the Pope's evaluation. Francis states that cultures in current times "seem to be showing signs of a certain regression" and that this

---

[1] I give preference to the term social friendship over fraternity. The latter term has received criticism for being heavily masculine in connotation. It seems that one reason for employing the term fraternity is that this was used in the "Abu Dhabi Agreement", signed jointly by Pope Francis and the Grand Imam of Al-Azhar, Ahmed Al-Tayyeb, "A Document on Human Fraternity, for World Peace and Living Together". Abu Dhabi, 4th February 2019, a document to which *Fratelli tutti* refers repeatedly. See: https://press.vatican.va/content/salastampa/it/bollettino/pubblico/2019/02/04/0097/00199.html#tradinglese

is evident in the fact that "instances of a myopic, extremist, resentful and aggressive nationalism are on the rise" (No. 11). He describes such nationalism as representing a populism that can, in part, be understood as a reaction against the prevalence of a neo-liberalism in culture that has produced notions of "Globalization and Progress without a Shared Road Map" (Nos. 29-31). However, he states that the form of populism often expressed in this reaction is "unhealthy" and "irresponsible" (Nos. 159, 161). One expression of this is a lack of respect for immigrants and refugees, resulting in "An Absence of Human Dignity on the Borders" (Nos. 37-41). Next, he identifies a yet deeper root cause of cultural regression when he describes how new technologies, especially digital media, are increasingly producing an "Illusion of Communication" (Nos. 42-50):

> Even as individuals maintain their comfortable consumerist isolation, they can choose a form of constant and febrile bonding that encourages remarkable hostility, insults, abuse, defamation and verbal violence destructive of others, and this with a lack of restraint that could not exist in physical contact without tearing us all apart. Social aggression has found unparalleled room for expansion through computers and mobile devices (No. 44).

Chapter Two: "A Stranger on the Road"

It is over against such social aggression ("See") that Pope Francis turns to the central proposal of his encyclical ("Judge"): that there is more than ever a need for expressions of fraternity, or social friendship, in world culture. As a first step in reflecting on this theme, he turns to the story of the Good Samaritan from the Gospel of Luke (Lk 10: 25-37).

Chapter Three: "Envisaging and Engendering an Open World"

In this chapter, Pope Francis switches from speaking about social friendship in a theological mode to doing so in a philosophical one. Here, he is observing the principle that an encyclical that is part of Catholic Social Teaching needs to communicate in a primarily philosophical manner, as it seeks to persuade Christians and non-Christians alike. In Luke's Gospel, the ability to express gratuitous love for others, and especially for the poor, is described as a gift bestowed on us by the Holy Spirit through faith in Jesus Christ. In Chapter Three, Pope Francis translates this insight into philosophical terminology by stating: "Since we were made for love, in each one of us 'a law of *ekstasis*' seems to operate" (No. 88). He adds, "Only by cultivating this way of relating to one another will we make possible a social friendship that excludes no one and a fraternity that is open to all" (No. 94).

At this point, Francis begins to mention some specific issues of social ethics that would be helped by an increase in social friendship. The choice of issue to be explored seems to be made in a somewhat spontaneous and intuitive way. One has the sense that the Pope is "thinking aloud" rather than conducting an argument that is pre-planned and systematic: private property ("Re-envisioning the Social Role of Property", Nos. 142-153), human rights ("The Rights of Peoples", Nos. 124-127), and the need for "a new network of international relations" (Nos. 126). Each of these themes will be taken up again in subsequent chapters.

Chapter Four: "A Heart Open to the Whole World"

This chapter continues the process begun in the previous one of mentioning a variety of themes relevant to that of social friendship: immigration is revisited in a section, "Borders and Their Limits" (Nos. 129-32); and international political relations are discussed again in a section, "Reciprocal Gifts" (Nos. 133-136). On the theme of international relations, the Pope returns to a matter he had already mentioned in the Introduction to the encyclical, where he refers to his relationship with the Ahmed Al-Tayyeb, the Grand Imam of Al-Azhar, and to the document they signed together in 2019, "A Document on Human Fraternity, for World Peace and Living Together".[2] In the Introduction, he describes his friendship with this fellow religious leader as a "source of inspiration" in writing the encyclical (No. 5). Now, on the theme of international relations, the Pope quotes the Abu Dhabi agreement:

> Good relations between East and West are indisputably necessary for both. They must not be neglected, so that each can be enriched by the other's culture through fruitful exchange and dialogue ... It is important to pay attention to religious, cultural and historical differences that are a vital component in shaping the character, culture and civilization of the East. It is likewise important to reinforce the bond of fundamental human rights in order to help ensure a dignified life for all the men and women of East and West, avoiding the politics of double standards (No. 136).

In a section, "Local and Universal" (Nos. 142-153), Francis switches to speak of how solidarity at an international level must begin at the most local levels of family, neighbourhood, and civil society.

---

[2] Pope Francis and the Grand Imam of Al-Azhar, Ahmad Al-Tayyeb, "The Abu Dhabi Agreement".

Chapter Five: "A Better Kind of Politics"

This chapter is more focused and systematic than the previous two. It allows one to consider the hypothesis that this encyclical is primarily dedicated to political ethics (although the range of other topics treated make this hypothesis less than provable). Having spoken, in Chapter Three, of the possibility of humans finding resources of generosity and obeying a "law of *ekstasis*", Pope Francis begins to comment on how the world of politics would operate if leaders followed this law.

The section "Forms of Populism and Liberalism" (Nos. 155-169), is one of the richest in the encyclical. Here, Francis begins by taking up again an issue already mentioned in Chapter One: that society is afflicted by two polarized political cultures: an unhealthy expression of populism and neo-liberalism. He next acknowledges that he himself has been labelled as a populist and he seeks to distinguish between a positive form of populism, which he supports, and a negative one, which he does not. He begins by exploring the meaning of the term "people" in political philosophy, asserting "people is not a logical category ... rather it is a mythic category" (No. 158). He elaborates:

> To be part of a people is to be part of a shared identity arising from social and cultural bonds. And that is not something automatic, but rather a slow, difficult process ... of advancing toward a common project (No. 158).

He next explains that authentically "popular" leaders are "those capable of interpreting the feelings and cultural dynamics of a people, and significant trends in society" and who are capable of "making room for others in the pursuit of the common good" (No. 159). Entering into notable detail on one issue, he insists that a good leader will always seek to assure the widespread availability of relatively well-paying jobs in the national economy: "The biggest issue is employment. The truly, 'popular' thing" (No. 162).

The Pope next presents a biting critique of the individuals who are responsible for the current "decline of popular leadership" (No. 161). He describes such leaders as employing rhetorical methods that "distort the word 'people,' since they are not talking about a true people", and who "exploit politically a people's culture ... by appealing to the basest and most selfish inclinations of certain sectors of the population" (No. 160). He asserts that the result of such leadership is the forming of "closed populist groups" (No. 159) that have destructive consequences.

Having presented this nuanced analysis of populism, Pope Francis outlines the kind of political philosophy that exists at the opposite end of the political spectrum: liberal individualism. He explains that if bad populist leaders distort the meaning of people, liberals tend to reject it out of hand:

The concept of a 'people', which naturally entails a positive view of community and cultural bonds, is usually rejected by individualistic liberal approaches, which view society as merely the sum of coexisting interests. One speaks of respect for freedom, but without roots in a shared narrative; in certain contexts, those who defend the rights of the most vulnerable members of society tend to be criticized as populists. The notion of a people is considered an abstract construct, something that does not really exist (No. 163).

He explains that by rejecting a notion of people, liberal individualism neutralises the degree to which values are debated in the public sphere and, instead, promotes a false myth that reflection on economic and social policies can be reduced to technocratic reasoning, of which professional economists are the most trustworthy practitioners. He suggests that this false argument legitimates the pursuit of self-interest by powerful elites, who are able to influence the priorities of such economists. He insists: "Politics must not be subject to the economy, nor should the economy be subject to the dictates of an efficiency-driven paradigm of technocracy" (No. 177).

For the remainder of this chapter, the Pope explores different aspects of the kind of far-sighted political action that he proposes. Here, again, his analysis is non-systematic, ranging from a comment on the United Nations (No. 173) to a section "The Exercise of Political Love" (Nos. 186-192).

Chapter Six: Dialogue and Friendship in Society

Chapter Six continues in the exhortative manner with which Chapter Five concludes. By this stage, Francis has moved on to the third step of the Pastoral Circle, "Act". The title of the chapter, "Dialogue and Friendship in Society", might seem predictable to those familiar with the Pope's previous writing. *Evangelii Gaudium* (EG) was written in 2013 and can be regarded as a manifesto for the pontificate. In the final chapters of that exhortation, it becomes clear that dialogue as a key evangelical practice being proposed (e.g. "Social Dialogue as a Contribution to Peace" [EG Nos. 238-258]). Similarly, the final chapter of *Laudato Si'* (LS) is entitled, "Lines of Approach and Action" and is entirely devoted to issues of dialogue. However, in *Fratelli tutti*, much like Beethoven's Late Quartets, one finds that an apparently familiar theme is being treated in a strikingly novel manner. Francis begins the chapter with a statement that is predictable in an encyclical dedicated to social friendship: "If we want to encounter each other we have to dialogue" (No. 198). However, he immediately begins to explore a dimension of dialogue that he has not treated before in anything like the same depth: how dialogue must be anchored in a fundamental orientation to truth.

Francis explains that he is turning to this point because of the distortions of truth that are characteristic of the cultural regression of our time. He recalls what he has already said about how populist leaders who are irresponsible pretend to empathise with the people, when, in fact, they are manipulating it and distorting the truth. Similarly, he recalls what he has stated about digital media and asserts:

> Dialogue is often confused with something quite different: the feverish exchange of opinions on social networks, frequently based on media information that is not always reliable. These exchanges are merely parallel monologues (No. 200).

Similarly, revisiting his critique of liberalism, he outlines how a misguided notion of dialogue can be employed to disguise the actual goals of self-centred elites. He describes how liberals tend to reduce dialogue to an interaction based on moral relativism with the result that major policy decisions are "left to the experts". He insists, "the solution is not relativism. Under the guise of tolerance, relativism ultimately leaves the interpretation of moral values to those in power" (No. 206). He then quotes his own statement in *Laudato Si'*, where he has linked moral relativism to a destruction of the natural environment as well as to an oppression of the poor (NO. 206, quoting LS No. 123).

Pope Francis next acknowledges that he needs to explore more deeply just how a commitment to dialogue does not imply a drift toward relativism. Exploring this question, he asserts: "in a pluralistic society, dialogue is the best way to realize what ought always to be affirmed and respected apart from any ephemeral consensus" (No. 211). Next, however, he recognizes that ephemeral consensus is often all that is to be found in politics today. He describes how manipulative leaders, "have gained the 'consensus' of an apathetic or intimidated population" (No. 209). He therefore explores what needs to be done to redress this situation. He comments on the importance of a good educational system, and how, ideally, participants in widespread dialogue should be guided by approaches that combine educated sophistication with wisdom. He notes that "together with specialized scientific advances, we are in need of greater interdisciplinary communication" (No. 204). He acknowledges that interdisciplinary communication needs to be "enriched and illuminated by clear thinking, rational arguments, a variety of perspectives and the contribution of different fields of knowledge and points of view" (No. 211). However, he insists that one of these points of view should focus on ethics, adding that the dialogue process that cannot "exclude the conviction that it is possible to arrive at certain fundamental truths always to be upheld" (No. 211). Concerning such truths, he makes a metaphysical claim: "we realise that they rise above consensus; they transcend our concrete situations and remain non-negotiable" (No. 211).

The kind of truth to which the Pope refers is especially moral truth. Reference to "non-negotiable" values is unusual for Pope Francis. The apostolic exhortation, *Amoris Laetitia* (AL), produced in 2016, is a document of moral theology that addresses issues of marriage and family. There he criticises Catholic approaches to ethics that tend to be too quick to invoke absolute principles. Speaking to fellow pastors, he states, "We have been chosen to form consciences not to replace them" (AL, No. 37). Indeed, parts of *Fratelli tutti* echo this concern that has characterised his earlier teaching. Francis qualifies what he has just said about unchanging values by adding: "Our understanding of their meaning and scope can increase —and in that respect, consensus is a dynamic reality" (No. 211). Nevertheless, he now insists that dialogue needs to be anchored in a shared openness to acknowledging objective truth. He adopts a rather sociological approach to making this ethical point:

> If something always serves the good functioning of society, is it not because, lying beyond it, there is an enduring truth accessible to the intellect? Inherent in the nature of human beings and society there exist certain basic structures to support our development and survival. Certain requirements thus ensue, and these can be discovered through dialogue, even though, strictly speaking, they are not created by consensus. The fact that certain rules are indispensable for the very life of society is a sign that they are good in and of themselves. There is no need, then, to oppose the interests of society, consensus and the reality of objective truth (No. 212).

Chapter Seven: "Paths of Renewed Encounter"

Having explored the relationship of dialogue, friendship, and truth at a philosophical level, Chapter Seven returns to the spiralling style of reflection of Chapters Three and Four. Here, Francis turns again to politics and recalls that some post-conflict societies, such as South Africa, have initiated "truth and reconciliation processes" (No. 229). Here he points out how care is taken in such processes to relate factual truth to a broader context of value so that, "Truth should not lead to revenge, but rather to reconciliation and forgiveness" (No 227). This insight leads him to reflect further on problems of war and peace and, by an intuitive leap, to call for the abolition of the death penalty (Nos. 263-270).

Chapter Eight: "Religions at the Service of Fraternity in Our World"

This chapter brings the encyclical to a dramatic conclusion. Rather than exploring a variety of themes, it resumes the philosophical reflection of Chapter Six and focuses on one further insight: the orientation toward objective truth, so important for social friendship, is deeply assisted by religion. In a sub-section called "The Ultimate Foundation" (No. 272-280), Francis begins by quoting Pope John Paul II:

> If there is no transcendent truth, in obedience to which man achieves his full identity, then there is no sure principle for guaranteeing just relations between people. Their self-interest as a class, group or nation would inevitably set them in opposition to one another. If one does not acknowledge transcendent truth, then the force of power takes over (No. 273, citing Pope John Paul II, *Centesimus Annus* [CA], No. 849).

Francis acknowledges that, strictly speaking, a philosopher is capable of adopting a theist position and acknowledging the existence of transcendent truth. However, he appeals to "our faith experience and from the wisdom accumulated over centuries" and asserts, "we, the believers, of the different religions, know that our witness to God benefits our societies" (No. 274). Finally, he returns to the Abu Dhabi Agreement to stress this point:

> Religious classics can prove meaningful in every age; they have an enduring power to open new horizons, to stimulate thought, to expand the mind and the heart. Yet often they are viewed with disdain as a result of 'the myopia of a certain rationalism' (No.. 275, citing the Abu Dhabi document)

It is noteworthy that in this quotation, the Pope limits himself to the use of philosophical language and invokes the thought of Hans Georg Gadamer to speak of religious texts as "classic texts" that help impart wise values to culture and to consequent social and political behaviour. He recognizes that collaboration with those of other religions is best achieved by appealing to values stated in a philosophical mode.

Finally, echoing his earlier distinction between healthy populism and unhealthy populism, Pope Francis distinguishes between true religion and false religion. Referring again to the Abu Dhabi Agreement, he states:

> We resolutely declared that religions must never incite war, hateful attitudes, hostility and extremism, nor must they incite violence or the shedding of blood. These tragic realities ... result from a political manipulation of religions and from interpretations made by religious groups who, in the course of history, have taken advantage of the power of religious sentiment in the hearts of men and women (No. 285).

Part Two: What's Old?

This encyclical has a remarkable quality of combining the old and the new. Many of its key characteristics are, in fact, familiar from previous teaching of Pope Francis as well has his writings from before he was raised to this role. In this section, I trace these links and conclude with a comment on why it is important to understand these while evaluating the significance of *Fratelli tutti* within the corpus of magisterial teachings of this Pope.

A Theology of the People and the Pursuit of Social Friendship

For those not familiar with the history of Argentina, it is important to understand that while Jorge Bergoglio grew up in a stable and happy family, he was surrounded by turbulent times. At a political level, the years of Jorge's youth were dominated by the rise to power of Colonel Juan Domingo Peron, who would exercise national leadership on and off from the 1940s to the 1970s. This leader was a complex figure who rose to govern Argentina promoting ideas of a kind of romantic nationalism that at times appeared compatible with Catholic social teaching. Nevertheless, he was also an eccentric figure and one commentator describes the result: "Peron became defensive and paranoid, descending into the authoritarian madness that commonly afflicts populist-nationalist governments in Latin America, whether of the right or left".[3] Peron was overthrown in a military coup shortly before Jorge joined the Jesuits in 1958. This dictatorship perpetrated many injustices and an armed insurrection ensued led by Marxist guerrillas. This led to a civil war known as the "Dirty War" from 1974-1983, in which many thousands died. These were years when Bergoglio found himself as Provincial Superior and exercising other roles of governance within the Argentinian Province of the Jesuits. The question of how to promote a culture of social friendship in a context of social aggression was never far from Bergoglio's mind.

These were also the years when Vatican II was held and when the Church in Latin America was trying to apply its teachings to their own reality. Bergoglio was ordained a priest in 1969, four years after the close of the Council. He was of the first generation of seminarians who benefited from having professors who were attempting to integrate the changes of Vatican II into their teaching of theology. He found himself particularly attracted to a form of theology known as "A Theology of the People".

Juan Carlos Scannone describes the Theology of the People as a particularly Argentinian expression of a Latin American response to Vatican

---

[3] A. IVEREIGH, *The Great Reformer: Francis and the Making of a Radical Pope*, 28.

II.[4] He points out that the bishops across the sub-continent took *Gaudium et Spes* seriously and sought to imitate its inductive method, employing the steps of "See" - "Judge" - "Act" for their own context. They became convinced that the key sign of the times in their region was the "cry of the poor". However, unlike the approaches that gained traction in other parts of Latin America, bishops and theologians in Argentina adopted a form of inductive theology influenced by European philosophical traditions of romanticism. Such an option was related to the broader political culture of Argentina and not unrelated to a political philosophy that had come to be called "Peronism" (but which usually separated itself from the actual political fortunes of Juan Domingo Peron).[5]

Scannone points out that theologians in other countries of the sub-continent tended to turn to Marxian approaches to social analysis and so to conduct the step "See" in their theological reflection in a way that invoked a notion of class oppression and class conflict. By contrasts, Scannone describes how a father-figure of Argentinian theology, Lucio Gera, turned instead to the resources of early German romantic philosophy to provide resources for an inductive theology. Walter Kasper, the German Cardinal and theologian, explores these links. He describes how, in the early 1800s, a Catholic faculty of theology in the University of Tübingen began to relate Catholic theology to the thought of philosophers such as Gottfried Herder. He then describes how the theologians of Tübingen influenced Gera and asserts:

> The parallels between this Romantic teaching of the early Tübingen theologians about the national spirit, which goes back to Johann Gottfried Herder (1744-1803), and the Argentine theology of the people are striking and clearly not accidental.[6]

Studying the thought of a philosopher like Herder reveals remarkable parallels with the thought of Gera. This eighteenth-century philosopher had been upset by the rationalistic, liberal, ideas of the aristocratic elites

---

[4] J. C. SCANNONE, "Pope Francis and the Theology of the People", *Theological Studies*, 2016, Vol 77(1), 118-135. See also "Lucio Gera: un teologo dal popolo", *La Civiltà Cattolica*, 39/54(21 Marzo 2015), 539-550. A variety of other sources have also emerged that explain English-speaking audiences the content and nature of the theology of the people of Argentina. These are often offered as part biographical studies of Pope Francis, e.g. RAFAEL LUCIANI, *Pope Francis and the Theology of the People*; ALLAN FIGUEROA DECK, SJ: *Francis, Bishop of Rome: The Gospel for the Third Millennium*; MASSIMO FAGGIOLI, *Pope Francis, Tradition in Transition*.

[5] W. KASPER, *Pope Francis' Revolution of Tenderness and Love*, 15-21.

[6] W. KASPER, *Pope Francis' Revolution of Tenderness and Love*, 18.

who employed the ideas of the Enlightenment to legitimate policies they were employing to initiating modernizing in the German-speaking lands. He claimed that these elites actually had a contempt for the Germanic peoples the were governing and looked to England and France (whose language they preferred to speak) as models for both cultural and economic advancement. He believed that the result was that these elites were imposing a system of ideas on the German people —such as *laissez-faire* economics— without consulting that people. Herder noted that the attitudes of the German elites were provoking a division between classes. Over against this, he proposed a process of social dialogue that would produce social policies that would genuinely serve the common good. He stated: "there is only one class in the state, the *Volk* (not the rabble), and the king belongs to this class as well as the peasant".[7] Herder did not oppose all aspects of modernization but insisted that a process of consultation should occur so that a particularly German form of social change should be allowed to develop:

> The happiness of one single people [*Volk*] cannot be imposed onto, talked onto, loaded onto the other and every other. The roses that for the wreath of freedom must be picked by a people's own hands and grow up happily out of its own needs, out of its own desire and love.[8]

Lucio Gera saw a direct relevance of ideas of such a philosophy to Christian theology. Long before Vatican II gave approval to the image of "People of God" as a way to describe the Church, Gera had done so, drawing parallels between the German romantic notion of "*Volk*" and the image from the Book of Exodus of Moses leading the People of Israel out of Egypt and into the Promised Land. Like the romantic philosophers before him, Gera was acutely alert to the weaknesses of rationalist Enlightenment thought. He was aware that romanticism found a first opponent in the individualist liberal philosophies of the eighteenth and nineteenth centuries. However, he was also alert to the fact that the thought of Karl Marx was another product of Enlightenment rationalism. In the context of post-conciliar Catholic theology, Gera became critical of what he perceived to be the excessive use of Marxism in the work of liberation theologians in other Latin-American countries. He criticised the use by these other theologians of Marxist tools of social analysis such as "Dependency Theory", which stresses class conflict and

---

[7] V.A. SPENCER, *Herder's Political Thought: A Study of Language, Culture, and Community*, 413, quoting Johan Gottfried von Herder, "Letters for the Advancement of Humanity (1793-97), Tenth Collection."

[8] V.A. SPENCER, *Herder's Political Thought: A Study of Language, Culture, and Community* 413.

described this as "an unacceptable embrace of Marxism"[9]. One commentator describes how the notion of option for the poor in the thought of Gera employed a romantic notion of "the people" rather than a Marxist notion of an oppressed class within a capitalist system:

> Who is *el pueblo*? . . . Gera defined it in terms of the despised and marginalized majority, from whom comes the desire for justice and peace. For Gera, *el pueblo* is an active agent of history, not, as liberals and Marxists view it, a passive mass needing to be made aware. "The people have a rationality", wrote Gera, "they have their project; we don't give it to them". The role of theologians was not to impose categories, he argued, but to interpret the people's project in the light of its salvation history. Gera put it starkly. "Either theology is the expressions of the People of God or it is nothing"[10].

It is not difficult to relate the thought of Lucio Gera to that of each of the magisterial documents of Pope Francis. For Gera, the key to following Christ is to first identify with and listen to the poor, insisting that the poor be involved in dialogue with all sectors of society and so contribute to decision-making that serves the common good. Here one recognizes links to the insistence on dialogue in virtually all of the writings of Pope Francis. Similarly, one recognizes links between the thought of Gera and the analysis of both populism and liberalism of Chapter Five of *Fratelli tutti*.

Other Magisterial Documents of Pope Francis

In pursuing the question "What is old?" in *Fratelli tutti*, one can also trace how Francis repeats many themes that are already evident in his previous teachings as Pope. In addition to noting the influence of Lucio Gera, one can note also many explicit references to the notion of fraternity and social friendship.

As already mentioned, the apostolic exhortation *Evangelii Gaudium* serves as a kind of manifesto for the pontificate of Francis. In this document, he employs the Vatican II image of the Church as "People of God" and insists, "The entire people of God proclaims the Gospel" (EG, Nos. 111-134). When he proposes how this proclaiming of the Gospel should be conducted ("Act"), he speaks of the "communal and societal consequences of the kerygma" and stresses that a central component of evangelization should be "social dialogue as a contribution to peace" (EG, Nos. 238-258). It emerges, then, that the key proposal of this letter on evangelization is that we engage in an implicit evangelization of attempting to be agents

---

[9] A. IVEREIGH, *The Great Reformer: Francis and the Making of a Radical Pope*, 111.
[10] A. IVEREIGH, *The Great Reformer: Francis and the Making of a Radical Pope*, 112.

of healing in society by "decision to live in fraternity" (EG, No. 91). He continues:

> There indeed we find true healing, since the way to relate to others which truly heals instead of debilitating us, is a *mystical* fraternity, a contemplative fraternity. It is a fraternal love capable of seeing the sacred grandeur of our neighbour, of finding God in every human being ... Let us not allow ourselves to be robbed of community! (EG. 92).

The theme of fraternity is equally present in *Amoris Laetitia*, the apostolic exhortation on marriage and family:

> In the family, we learn how to live as one. Perhaps we do not always think about this, but the family itself introduces fraternity into the world. From this initial experience of fraternity, nourished by affection and education at home, the style of fraternity radiates like a promise upon the whole of society (AL, No. 194).

As already mentioned, the encyclical *Laudato Si', On Care for Our Common Home* promotes education and dialogue as a key way of implementing an integral ecology. In that document, St. Francis of Assisi is a key point of reference. Links to *Fratelli tutti* become evident when the Pope appeals to "that sublime fraternity with all creation which Saint Francis of Assisi so radiantly embodied" (LS, No. 221) and adds:

> Everything is interconnected, and that genuine care for our own lives and our relationships with nature is inseparable from fraternity, justice and faithfulness to others (LS, No. 70).

The final years of the papacy of Francis have centred on a call for the Catholic Church to become a "synodal Church". In 2018, Francis published an apostolic constitution, *Episcopalis Communio* (EC), which sets out a new structure for synods of bishops. In September 2022, he announced the launching of an elaborate process of consultation within the Church, leading up to a Synod of Bishops on the theme of a Synodal Church, to be held in 2024, which puts *Episcopalis Communio* into practice. That short document employs the term "communion" rather than fraternity or social friendship.

> Another fruit of the Synod of Bishops is that it highlights more and more the profound communion that exists in Christ's Church both between the Pastors and the faithful (EC, No. 10).

While the terminology may shift, it is clear that Pope Francis understands the ability of Christians to be agents of social friendship in broader society to be related to the spirit of communion and synodality that they enjoy amongst themselves.

Conclusion

Having explored these elements of the intellectual biography and previous magisterial teaching of Pope Francis, one recognizes an abundance of themes that occur in *Fratelli tutti* that are repetitive of material that can be found elsewhere. What significance are we to attribute to this? Are we to conclude that this late encyclical of Pope Francis is primarily merely repetitive of ideas already stated elsewhere and thus of secondary interest? In the next section, we will correct such an impression by developing a point that was already mentioned in Part One, namely that *Fratelli tutti* includes innovative elements. However, one should not proceed to explore that point before considering the following hypothesis: the very fact that *Fratelli tutti* includes so many themes that have long been a concern of Jorge Bergoglio implies that this encyclical can serve as an interpretive key to the whole of the pontificate of Francis. The links between *Fratelli tutti* and the Theology of the People are clearer than in any other document produced by this pope. The themes Francis chooses to repeat in this late encyclical are clearly those that remain closest to his heart. A familiarity with this document will be a necessary part of any future interpretation of the magisterial teachings of Pope Francis.

Part Three: What's New?

The comments in Part One of this contribution have already highlighted how there is considerable innovation in *Fratelli tutti*. Four innovative characteristics of the document have already been identified.

First, Chapter One represents a more negative account of the "signs of the times" than is to be found in previous teachings of the pontiff. Here one notes that Francis has not changed his inductive method of theological reflecting but that, simply, the situation upon which he is reflecting has changed. The central argument of his encyclical thus becomes the following: in a context of deepening social aggression, it is more important than ever to promote social friendship. A second innovative characteristic is related to the central insight into the need for social friendship: politics in the modern world needs fixing and a deepening of social friendship needs to extend to the political realm. A third innovative characteristic is the way the Pope employs the Abu Dhabi Agreement and his friendship with Grand Imam Ahmad al-Tayyeb, as an inspiration for the entire encyclical. The degree of novelty here is not to be underestimated. Never before has a Catholic Pope, as part of his magisterial teaching, cited a joint exercise in teaching made with a leader of a different religion! The final innovation in *Fratelli tutti* is the most innovative because it operates at a foundational, philosophical level; one that influences the question of theological method itself. I refer here to his reflections, especially in Chapter Six, on the relationship of social friendship to truth.

Rediscovering a Thomist Approach

In the discussion of Chapter Six above, much stress was placed on how the reflection by the Pope on a kind of dialogue that does not descend into relativism and "ephemeral consensus" but, rather, acknowledges, "that it is possible to arrive at certain fundamental truths always to be upheld" and that such truths "rise above consensus; they transcend our concrete situations and remain non-negotiable" (No. 211). We noted that this represents a new line of reflection for Pope Francis, whose magisterial teaching has tended to stress the importance of avoiding rigid and abstract truth claims. The reason for this new emphasis is clear: current culture has regressed to a point where the ability to make any truth claims has fallen into crisis. A point to note, however, is that appealing to "an enduring truth accessible to the intellect" (No. 212) is not a concern typical of romantic philosophy. Rather, within Catholic tradition, it is typical of the thought of Thomas Aquinas. Consequently, one notes that there is a more prominent influence of Thomism in *Fratelli tutti* than in the previous teachings of Pope Francis.

Where does this Thomistic tendency come from? Here, one needs to revisit the question of the Theology of the People, and the influence it exercised on the young Bergoglio. Scannone stresses that the Theology of the People was propounded by a school of thinkers (including himself as an active member) and not just Lucio Gera. Here it is important to recognize that the theologian Raphael Tello exercised an influence on Bergoglio that was second only to that of Gera.[11] Tello had a strong training in Thomism and was alert to the epistemological issues that underlie any theology. Above all, he sharpened Bergoglio's awareness that a problem with rationalist ideologies such as liberalism or Marxism is that they have a tendency toward deductive, abstract, thinking that has its origins in the thought of Plato. By contrast, Tello stressed how Aquinas relies on an Aristotelian notion of insight into phantasm that is inductive and concerned with concrete instances of being. Drawing on Aquinas, and criticizing all forms of nominalism and rationalism, Tello stressed that the object of Christian care is "not an abstract person, considered as some idea or conception" but rather

---

[11] See, J. C. SCANNONE, "Pope Francis and the Theology of the People," 119-120. See also, A. F. DECK SJ, *Francis Bishop of Rome: the Gospel for the Third Millenium,* Chapter 4: "Raphael Tello and the Faithful People of God".

"the entire human person, in all his or her dimensions —eternal, temporal, spiritual and corporal, individual and communitarian". On this Thomist basis, he explained the importance of listening to the poor and finding in their thinking and attitudes a guide for thinking and decision-making at levels of sophistication that the poor themselves cannot attain. Tello further suggested that even the uneducated poor have a practical wisdom that is close to that which Aquinas praises.[12]

Another point to note here is that it was Tello who contributed to Bergoglio an insight into the value of popular religiosity (that is more evident in *Evangelii Gaudium* than *Fratelli tutti*). This adds force to the stress placed by Bergoglio on how an option for the poor should be characterized by a careful listening to the poor. Tello had pastoral reasons to be more attentive to popular religiosity, having lived in Northern Argentina, the home of various indigenous cultures. However, his interest in the particularities of indigenous culture was also motivated by his Aristotelian respect for the concrete.[13] One commentator outlines this aspect of Tello's thought:

> A simple visit to the web sites of San Cayetano and of Our Lady of Luján today reveals the distinctive character of these places of devotion and pilgrimage decades later. They are at once expressions of a community's deep piety and faith, especially of the most needy, but also impressive instruments of social service where food, clothing, housing, and medical needs are readily available. Nor are they merely concerned with charity but also with advocacy and even empowerment of the community. They serve as centres of political (but not partisan) mobilization. Accordingly, the way to go about abetting social awareness and action is suggested by the popular solidarity expressed in customs, rituals, art, and music of the community itself rather than by the cold, rationalist pragmatism and vanguardism of modern political and intellectual elites.[14]

The significance of such an account of the thought of Raphael Tello is this: in *Fratelli tutti* Pope Francis returns to the resources of Thomism that he had acquired in his formation and relies relatively less on the tendencies toward romantic nationalism that were also part of his formation. This Thomism is especially evident when Francis discusses the relationship of dialogue to truth. It is also evident when he recognizes the need to balance a romantic appeal to the notion of people with what one could call an Aris-

---

[12] See A.F. DECK SJ, *Francis Bishop of Rome: The Gospel for the Third Millenium*, 49, 54.

[13] See A. IVEREIGH, *The Great Reformer: Francis and the Making of a Radical Pope*, 58-60.

[14] A. F. DECK SJ, *Francis Bishop of Rome: The Gospel for the Third Millenium*, 48, 50. Tello's interest in indigenous people of Northern Argentina led him to acknowledge how they were compelled to migrate to cities in the South. This led him to study the dynamics of culture in the Argentine slums.

totelian attentiveness to the concrete details of institutional behaviour. He speaks of the importance of avoiding "needless dichotomy" and explains:

> Neither the notion of "people" nor that of "neighbour" can be considered purely abstract or romantic, in such a way that social organization, science and civic institutions can be rejected or treated with contempt (No. 163).

Conclusion

The four innovative dimensions of *Fratelli tutti* indicate that, while this is clearly a document from the late stages of a pontificate, Pope Francis retains the kind of creativity and capacity for "open-minded" thinking that he recommends for others (e.g., AL, No. 139). This creativity is already evident by recognizing that a changed situation requires a new application of the three steps of the pastoral circle. However, yet more creative is the readiness of this eighty-four-year-old to recognize that the manner in which he employs the pastoral circle itself needs to be modified in the light of changing circumstances. His emphasis on Thomist themes represents just such a nuancing of his foundational approach.

Of course, it should be acknowledged that these philosophical and methodological shifts in *Fratelli tutti* are more implicit than explicit. This raises the question of how Catholic philosophers and theologians need to build on the lead offered by Pope Francis in this encyclical.

Part Four: What's Next?

In concluding this reflection, I turn to a final question: "Might we expect yet further encyclicals from Pope Francis?" and "If so, on what themes?" My answer to this question is already evident by my use of the metaphor of the final compositions of Ludwig van Beethoven to describe this encyclical. I am implying that this may be the last encyclical of Pope Francis. At the same time, *Fratelli tutti* raises questions that will need to be worked through in future years by the People of God in general, including by the kind of Catholic academics who are presenting the talks in this current lecture series on the encyclical. Regarding this on-going reflection, I add three concluding reflections.

First, in my own research and publication I promote the idea that the thought of Bernard Lonergan, a former professor at this university and the author of *Method in Theology* can help in the process of deepening the epistemology and method that needs to underpin the approach of Pope Francis.[15]

---

[15] G. WHELAN SJ, *A Discerning Church: Pope Francis, Bernard Lonergan, and a Theological Method for the Future.*

Second, it seems evident that the energy of this pope from now on will be focused on preparing for the Synod of Bishops on a Synodal Church, to be held in October 2023. Just the same epistemological questions need to be addressed in promoting synodality within the Church as promoting social friendship in world culture. These next two years will constitute a learning period where all the People of God, including Catholic academics, will need to think through the meaning of statements such as, "Inherent in the nature of human beings and society there exist certain basic structures to support our development and survival", and, what are those aspects of human understanding and decision-making that require dialogue but are also related to the "reality of objective truth", that "are not created by consensus?" (No. 212).

Finally, one of the striking characteristics of the pontificate of Francis has been the degree of opposition that has been shown to it, including from some highly-positioned Churchmen. Many such critics speak of their fear that Pope Francis is populist and relativist. We have noted that the most innovative aspects of *Fratelli tutti* involve reflections where Pope Francis addresses those concerns more clearly than ever before. Let us hope that this encyclical, as well as reflection that will proceed within Catholic academic circles, will lead to greater mutual understanding and consoled unity within a Church that is becoming ever-more synodal and, consequently, evermore an agent of social friendship in history.

BIBLIOGRAPHY

DECK SJ A.F., *Francis, Bishop of Rome: The Gospel for the Third Millennium,* Mahwah NJ: Paulist Press, 2016.

FAGGIOLI M., *Pope Francis, Tradition in Transition,* Mahwah, NJ: Paulist Press, 2013.

FRANCIS & AHMAD AL-TAYYEB, *A Document of Human Fraternity for World Peace and Living Together,* 2019.

FRANCIS, *Fratelli tutti,* Encyclical Letter on Fraternity and Social Friendship, 2020.

IVEREIGH A., *The Great Reformer: Francis and the Making of a Radical Pope,* London: Allen & Unwin, 2014.

KASPER W., *Pope Francis' Revolution of Tenderness and Love,* Mahwah, NJ: Paulist Press, 2015.

LUCIANI R., *Pope Francis and the Theology of the People*, Maryknoll, NY: Orbis Books, 2017.

SCANNONE J.C., "Lucio Gera: un teologo dal popolo", *La Civiltà Cattolica*, 39/54 (21 Marzo 2015), 539-550.

―――――, "Pope Francis and the Theology of the People", *Theological Studies*, Vol 77 (1), 2016, 118-135.

SPENCER V.A., *Herder's Political Thought: A Study of Language, Culture, and Community*, Toronto: University of Toronto Press, 2012.

WHELAN SJ, G., *A Discerning Church: Pope Francis, Bernard Lonergan, and a Theological Method for the Future*, Mahwah, NJ: Paulist Press, 2019.

Fratelli tutti:
An Ethical Paradigm for Universal Fraternity

Prem Xalxo

Introduction

The hallmark of the papacy of Pope Francis has been his persistent and courageous effort to address issues that touch the grass-root realities of contemporary human life: human dignity and the full flourishing of interdependent relationships and harmonious co-existence in our common home. Love, mercy, compassion, forgiveness, and reconciliation form integral and constituent parts of his discourses and actions; and care for the poor, migrants, interreligious dialogue, the culture of encounter, and care for creation are his favorite themes. His ground-breaking Encyclical Letter *Laudato si'* (LS) *on Care for Our Common Home* challenges humanity "*to hear both the cry of the earth and the cry of the poor*" (*LS* 49). His latest Encyclical Letter *Fratelli tutti* (*FT*), *on Fraternity and Social Friendship* acknowledges "the dignity of each human person" and aims to make a concrete contribution toward "the rebirth of a universal aspiration to fraternity – brotherhood between all men and women" (*FT* 8). His forceful emphasis in *Laudato si'* on the fact of interconnectedness[1], lays a strong foundation for his understanding of universal brotherhood and social friendship, which are affirmations of the interconnection and interdependence of all humanity.

Elaborated in eight chapters and 287 paragraphs, *Fratelli tutti* promotes universal fraternity and social friendship by inviting "all people of good will" (*FT* 6) "as a single human family" (*FT* 8) to build bridges and to "welcome, protect, promote and integrate" (*FT* 129) all the vulnerable, that is "the poor, the abandoned, the infirm and the outcast" (*FT* 2). In the hope of promoting fraternity, the encyclical touches every aspect of human life--personal, familial, communitarian, national, and international. It deals with not only socio-political and ethical issues, but also touch-

---

[1] He expresses this in three basic affirmations: «Everything is interconnected» (LS 70), «Everything is connected» (LS 117), and «Everything is intimately interrelated» (LS 137).

es the contributions of communications media, commerce, and industry. This Pope's broad, inclusive vision of humanity is evidenced in his use of sources as diverse as the Orthodox Patriarch Bartholomew, the Grand Imam Ahmad Al-Tayyeb, Martin Luther King, Desmond Tutu, Mahatma Gandhi and Charles de Foucauld. As this paper hopes to show, a careful analysis of interconnectedness, the Golden Rule, and the Indian ethos of *Vasudhaiva Kutumbakam* (Universal Brotherhood) and *Atithi Deo Bhava* (a guest represents God) articulates an ethical paradigm, which nurtures universal fraternity.

Context

Fratelli tutti presents an audacious vision of a better future for the contemporary world, fragmented by increasing inequality, religious-cultural fundamentalisms, conflicts, wars, and the rise of a new political tyranny and dictatorial regimes in various countries. The sudden devastating outbreak of the Covid-19 pandemic opened a Pandora's box not only of fear, uncertainty, and death, but also of rampant individualism, indifference, and a growing sense of suspicion toward one another, exposing "those false and superfluous certainties around which we constructed our daily schedules, our projects, our habits and priorities" (*FT* 32).

On the one hand, the pandemic caused innumerable deaths, the annihilation of economic and social security, the loss of employment, and the upsurge in poverty across the globe, depriving us of the "exuberance of hugs, the kindness of handshakes, affection of kisses, and has transformed relationships into fearful interactions between strangers"[2]. On the other hand, the global response has also demonstrated the human ability to struggle, collaborate and work together as one community to resolve the issues that challenge and threaten the integral well-being of the entire humanity.

The pandemic has also taught us that by focusing collectively on our planetary health, we can ensure that we are better prepared for the next inevitable health crisis in the future. Such hope founded on mutual support and collaboration is enunciated in *Laudato si'*: "The Creator does not abandon us; he never forsakes his loving plan or repents of having created us. Humanity still has the ability to work together in building our common home" (*LS* 13). The pandemic has revealed "once more the ineluctable and blessed awareness that we are part of one another, that we are brothers and sisters of one another" (*FT* 32). With its insistence on the urgency of cultivating universal fraternity, *Fratelli tutti* challenges us to articulate

---

[2] Pontificia Accademica per la Vita, *L'Humanum Communitas,* 1. The translation is mine.

an ethical paradigm based on interconnectedness, which could lead us to inclusive and sustainable relationships and a harmonious coexistence not only with our fellow human beings, but also with the myriad and diverse living creatures all around us.

The soul of universal fraternity: interconnectedness

By nature, humans are social and dialogical beings whose most fundamental and deep-rooted desire is to establish, nurture, and grow in relationships, which is also essential for the integral human development. This important human characteristic has been emphasized by Pope Francis in his repeated axioms: "everything is interconnected", "everything is connected", "everything is intimately interrelated" (*LS* 70, 92, 120), "everything is closely interrelated" (*LS* 137, 142). The denial of this interconnectedness has harmed humanity: "If everything is connected, it is hard to imagine that this global disaster is unrelated to our way of approaching reality, our claim to be absolute masters of our own lives and of all that exists" (*FT* 34).

The pandemic has shown in a vivid manner that all humanity is a closely tied community with a shared future. Contemporary advances in communication technology have enhanced interconnectedness, underlining the relational dimension of every human person. "It is through relationships that we move forward toward full human growth and development. Without relationships, we cannot 'become'. To be totally devoid of relationships, to be completely shut off, to be totally isolated runs contrary to human need and health – it is to frustrate the fundamental truth of being human"[3]. Indeed, human life flourishes and reaches its fullness in communion with others in harmonious relationships. As Pope Francis has insisted, "human life is grounded in three fundamental and closely intertwined relationships: with God, with our neighbour and with the earth itself" (*LS* 66). As social and dialogical beings, our life does not belong only to each one of us, but also "to family members, friends, the community. [...] Every time someone dies, an entire world disappears and is lost forever"[4]. This sense of being related and interconnected with fellow human beings is the soul of universal fraternity.

---

[3] R.J. DEVINE, *Good Care*, 17.
[4] R. BODEI, "L'epoca dell'antidestino", 57. Translation is mine.

An indicator of universal fraternity: the Golden Rule

Do to others whatever you would have them do to you. This is the law and the prophets (Mt 7:12).

The Golden Rule enunciated in Matthew's Gospel is perhaps humanity's most familiar ethical dictum and the rule of conduct. Intimately connected with the Love Commandment, "love your neighbour as yourself" (Mk 12:31), it is an indispensable rule for living universal fraternity. It is also stated negatively, as in the Aramaic saying assigned in the Babylonian Talmud (*Bavli Shabbat* 31a/I.12) to the first century B.C. Jewish sage, Hillel, who reformulated Leviticus 19:18, the rule of reciprocal love, in terms of action (don't do) rather than attitude (love your neighbour): "What is hateful to you, do not do your comrade [fellow human]. This is the entire Torah. And the rest is commentary. Go and study"[5].

The Golden Rule has been widely accepted, "in word if not in deed, by vast numbers of greatly differing peoples; it is a basic device of moral education; and it can be found at the core of innumerable moral, religious, and social codes"[6]. In true fraternal love, one cannot but always do good, and avoid any evil that could harm the integral human well-being. The spirit emanating from the Golden Rule has the potential to propose "a global ethic of cooperation in the service of a future shaped by interdependence and shared responsibility in the whole human family" (*FT*, 127). Based fundamentally on love, care and the good of the other, the Golden Rule provides an important specification of the famous, more general ethical axiom, that is, "*bonum est faciendum et prosequendum et malum vitandum*" (the good has to be done and pursued, and evil avoided). As a fundamental ethical truth for human conduct, the Golden Rule offers an ethical indicator towards fostering universal fraternity.

The value of human life and dignity amidst throwaway culture

On two consecutive days – 13 and 14 October 2021, the Pontifical Gregorian University lost two of its Jesuit Professors Jacquineau Azetsop and Linus Kujur. Because of various complications, both remained unconscious and completely sedated for a number of days in the Intensive Care Unit of Umberto Primo Hospital. I used to visit them regularly. Once one of my companions asked me, "Why do you go when you are not able to communicate with them? What's the use of risking yourself?" The question itself was shocking and deeply disturbing to me. My immediate reac-

---

[5] Cf. J. NEUSNER, "The Golden Rule", 57.
[6] Cf. M. SINGER, "Golden Rule", 365-367.

tion was, "Is it humane or ethical to leave them just lying on their sickbed because there does not seem to have any hope; just because they cannot act or react?" *Fratelli tutti* insists on the value of each human life and challenges us to "rethink our styles of life, our relationships, the organization of our societies and, above all, the meaning of our existence" (*FT* 33). By isolating the sick, the elderly and the disabled "leaving them in the care of others without the closeness and concern of family members, we disfigure and impoverish the family itself" (*FT* 19). Such actions also reflect the growing throwaway culture permeating every dimension of contemporary personal as well as community life.

It would be apt to cite the words attributed to Friedrich Nietzsche, "Alas, the faith in the dignity and uniqueness of man ... is a thing of the past – he has become an animal ... he who was, according to his old faith, a child of God ... Now he is slipping faster and faster away from the centre into – what? Into nothingness?"[7] The ethical dictum of *Fratelli tutti* challenges us to feel compassion at the outcry of the poor, to weep for other people's pain, and to feel a need to help them, as though all this were not someone else's responsibility, but our own[8].

The path to universal fraternity: dialogue and the culture of encounter

Our contemporary world is pluralistic in every sense. In an age of differences and diversity of cultures, languages, religions, traditions and practices, dialogue is an effective instrument to know and to interact with the "Other" with the objective of dispelling misconceptions, fear and suspicion, prejudices, and xenophobia; and thus, fostering universal fraternity. Almost all religious and cultural traditions narrate the story of the one world being created by God or a Divine Being; however, human folly has divided the world into many worlds – First World, Second World, Third World, and created a clear division between "We" and "They"; "Us" and "Them"; "Ours" and "Theirs". *Fratelli tutti* enlightens the path to the universal fraternity by inviting all to an authentic dialogue and to a culture of encounter, which is both a mode of human life and a manifestation of the dialogical reality of all human life[9].

In the pluralistic context of Indian society, which thrives on unity in diversity amidst different socio-cultural and religious traditions and practices, interreligious dialogue and the culture of encounter can yield the de-

---

[7] Cf. K. SOULEN – L. WOODHEAD, "Introduction: Contextualizing Human Dignity", 8.
[8] Cf. FRANCIS, *Evangelii gaudium*, 54.
[9] Cf. D. TRACY, *Plurality and Ambiguity*, 28-29.

sired fruit of solidarity, fraternity, and social friendships. *Fratelli tutti* offers the hope that "despite obstacles, differences and varying perspectives on the way to achieve peaceful coexistence" (*FT*, 232), the commitment to a *culture of encounter* with people from different walks of life, faiths and cultures would contribute toward building "harmony and understanding between different cultures and religions" (*FT*, 279). Pope Francis cites the statement of the Bishops of India who urge each one to come out of his or her comfort zones to engage in dialogue, remembering that "the goal of dialogue is to establish friendship, peace and harmony, and to share spiritual and moral values and experiences in a spirit of truth and love" (*FT*, 271).

One of the fundamental elements for an authentic dialogue is the sincere desire to know the "Other" because dialogue is not possible in the abstract. Dialogue requires an ambiance of mutual trust, respect, and sincerity, and is developed by the pursuit of mutual knowledge of history, language, socio-cultural and religious values. An authentic dialogue helps us to see the beauty and wisdom of the "Other" and plays a vital role in enriching one's culture, values and practices. Pope Francis rightly asserts, "The ability to sit down and listen to others, typical of interpersonal encounters, is paradigmatic of the welcoming attitude shown by those who transcend narcissism and accept others, caring for them and welcoming them into their lives" (*FT* 48). *Fratelli tutti* presents the image of a polyhedron to represent a society "where differences coexist, complementing, enriching and reciprocally illuminating one another, even amid disagreements and reservations" (*FT* 215). Constant interaction and dialogue with "Others" opens up possibilities of new relationships, of creating communion and community.

We cannot but highlight the vital role of current forms of social media in promoting or destroying social amity and universal fraternity. The immense possibility of sharing one's ideas, views and information without any physical or geographical barriers also generates huge possibilities of creating networks of social harmony, amity and the sense of belongingness to the one and same human family. At the same time, however, social media is also playing a pivotal role in sowing seeds of discord, hatred, suspicion, division based on socio-cultural, linguistic and religious lines. It does this through by spreading false or distorted news, misinformation, and fomenting conflicts in the name of culture, creed, race and ethnicity. Definitely, social media functions as a double-edged sword. A prudent use can build and foster fraternity, "help us to feel closer to one another, creating a sense of the unity of the human family which in turn can inspire solidarity and serious efforts to ensure a more dignified life for all" (*FT* 205). An imprudent use can create confusion, mistrust and hatred, and thus, hamper social amity and universal fraternity.

The reverberation of *Fratelli tutti* with *Vasudhaiva Kutumbakam*

Fratelli tutti finds a strong reverberation with the Indian ethos of *Vasudhaiva Kutumbakam* (Universal Brotherhood, One Earth Family), a philosophy which fosters an understanding that the whole world is one family. As an all-pervading principle of the fundamental unity and interconnectedness of all humans as well as non-human beings on the face of the earth, *Vasudhavia Kutumbakam* supports the core message of both *Laudato si'* ("everything is interconnected" *LS*, 70) and *Fratelli tutti* ("children of the same earth which is our common home" *FT*, 8).

In the words of Swami Agniwesh, *Vasudhaiva Kutumbakam* inculcates the profound conviction that "only an integrated approach, which encompasses the political, economic, ecological, social, legal, cultural and spiritual dimensions, and recognizes their inter-dependence, can bring the transformation required today"[10]. Respecting the Indian spirit of universal brotherhood enshrined in *Vasudhaiva Kutumbakam*, Paul VI had invited members of non-Christian religions during his Apostolic Visit to India on 3 December 1964 "to work together to build the common future of the human race." He praised the rich spiritual and cultural heritage of India, declaring, "Yours is a land of ancient culture, the cradle of great religions, the home of a nation that has sought God with a relentless desire, in deep meditation and silence, and in hymns of fervent prayer"[11]. The central teaching of *Fratelli tutti* aimed at promoting and strengthening fraternity and social friendship finds fertile ground in Indian pluralistic society with its multi-cultural, multi-lingual, multi-ethnic and multi-religious reality. Despite significant diversities, at their best, Indian people have strived to live peacefully side-by-side, mutually supporting each other in times of need, invigorated by the spirit of *Vasudhaiva Kutumbakam*. In the present Indian situation, which sees rising instances of "a myopic, extremist, resentful and aggressive nationalism", and the gradual "loss of the social sense under the guise of defending national interests" (*FT* 11), the spirit of *Vasudhaiva Kutumbakam* and the teachings of *Fratelli tutti* become all the more relevant and indispensable.

The ethics of hospitality: *Atithi Devo Bhava*

One of the major problems discussed in *Fratelli tutti* is a "xenophobic mentality" toward the strangers and migrants, which hinders and often destroys the sense of universal fraternity. Those who escape from their own land, leaving behind their families, friends and relatives, and who migrate

---

[10] S. Agniwsh, "One Earth Family", 1.
[11] Paul VI, *Address to the Members of the Non-Christian Religions* (3 December 1964).

to another faraway country in search of livelihood and a better future are often considered as "less worthy, less important, less human" and are denied the "intrinsic dignity as any person" (*FT* 39). Reasons for migration range from conflicts and war to persecution and natural catastrophes (cf. *FT* 37). Cultural and religious values can play a vital role in defending the centrality of the human person, and in finding a right balance between the twofold moral responsibility of protecting the rights of one's own people and that of assuring assistance and acceptance to the strangers and migrants (cf. *FT* 40).

Although India itself is facing internal and external migrations on a vast scale, an element of its traditional ethos encourages accepting and respecting a visitor or even a stranger who appears at one's door all of a sudden. *Taittiriya Upanishad, Shikshavali* I.11.2 says "*Atithi Devo Bhava*": a guest is God or a guest is equivalent to God. The literal meaning of the word *Atithi* (without date) is a person who comes without any prior information. If any guest, a visitor or a stranger, arrives at the time of family meals, sharing with him or her whatever one has is considered to be a moral responsibility of the family members. Such a responsibility is carried out with great reverence as if the guest were God—a striking echo of the ethos of Jesus, who said "I was a stranger and you invited me in" (Mt 25: 35). This particular ethos resembles that of the Good Samaritan discussed extensively in Chapter Two of *Fratelli tutti*, who stops along the way to help the wounded stranger in dire need of help, and departs without having received any recognition or gratitude (cf. *FT* 79). The spirit of *Atithi Devo Bhava* is gradually evaporating from the Indian mindset because of the growing city culture; nonetheless, unannounced guests and visitors are still received with great respect and joy in traditional families.

Fratelli tutti and future prospects

The source of inspiration for Pope Francis in *Fratelli tutti* is St. Francis of Assisi, who "expressed the essence of a fraternal openness that allows us to acknowledge, appreciate and love each person, regardless of physical proximity, regardless of where he or she was born or lives" (*FT*, 1). Despite the troubled waters of contemporary differences and divisions, *Fratelli tutti* remains hopeful that "it is possible to find a means of serene, ordered and peaceful coexistence, accepting our differences and rejoicing that, as children of the one God, we are all brothers and sisters" (*FT*, 279).

Fratelli tutti is a challenge to remodel our way of life, thinking, acting, and relating to all those who come in contact with us, to dream and to work together as a single human family in our *Common Home* for a better future.

We are invited to tread the path toward fraternity and social friendship, a path marked by a culture of dialogue and encounter. Such a journey calls us to embrace the "Other", the "desperate, afflicted and wounded" lying on the road, not merely to work for the poor and vulnerable, but to identify ourselves with them, and finally "to build bridges, to break down walls, to sow seeds of reconciliation" (*FT*, 276). In the final analysis, *Fratelli tutti* offers a practical ethical paradigm and an efficacious instrument in the hands of "all people of good will" who desire to create a civilization of love. Their good will is bound to succeed and yield hundred-fold results if they keep their "door wide open" to accept and respect all as the children of God in *Our Common Home*, nurtured by the spirit of *Vasudhavia Kutumbakam*.

It would be appropriate to conclude with the urgent call of Pope Francis to open one's door and to nurture the culture of dialogue and encounter:

> What is important is to create *processes* of encounter, processes that build a people that can accept differences. Let us arm our children with the weapons of dialogue! Let us teach them to fight the good fight of the culture of encounter! (*FT*, 217)

BIBLIOGRAPHY

AGNIWESH S., "One Earth Family: Vasudhaiva Kutumbakam", http://www.swamiagnivesh.com/images/publicationpdf/1475922448.pdf (10/11/2021).

BODEL R., "L'epoca dell'antidestino", in MONTI D., ed., *Che cosa vuol dire morire*, Torino: Einaudi 2010.

DEVINE R.J., *Good Care, Painful Choices: Medical Ethics for Ordinary People*, 2nd edition, New York: Paulist Press 2000.

NEUSNER J., "The Golden Rule in Classical Judaism" in NEUSNER J. and CHILTON B., eds. *The Golden Rule*, London: University Press of America 2008.

PAUL VI, Address to the Members of the Non-Christian Religions (3 December 1964), https://www.vatican.va/content/paul-vi/en/speeches/1964/documents/hf_p-vi_spe_ 19641203 other-religions.html (10/11/2021).

PONTIFICIA ACCADEMIA PER LA VITA, *L'Humanum Communitas nell'era della pandemia: riflessioni inattuali sulla rinascita della vita* (22 luglio 2020).

SINGER M., "Golden Rule", *Encyclopaedia of Philosophy*, (1967) 365-367.

SOULEN K. and WOODHEAD L., "Introduction: Contextualizing Human Dignity", *God and Human Dignity*, Michigan: Eerdmans 2006.

TRACY D., *Plurality and Ambiguity*, New York: Harper & Row 1987.

INDEX

Introduction — 5

Presentation of the authors — 7

Miguel Ángel AYUSO GUIXOT,
Fratelli tutti – *Il sogno di Dio per un mondo più umano* — 11

Benedetto CARUCCI VITERBI,
Un rabbino risponde a Fratelli tutti — 21

Jaime Emilio GONZÁLEZ MAGAÑA,
La dimensione fraterna della spiritualità –
La spiritualità della fraternità — 33

Daniel Patrick HUANG,
Reimagining Mission from Fraternity — 75

Adrien LENTIAMPA SHENGE,
Le pardon à la rescousse de la fraternité universelle — 91

Francesco OCCHETTA,
Fraternità come nuovo paradigma politico — 115

Gaetano PICCOLO,
Violenza e Perdono. La misericordia difficile — 129

Luis Antonio G. TAGLE,
Fratelli tutti: *The Dream of God for a More Human World* — 141

Gerard WHELAN,
Social Friendship, Religious Cooperation, and 'Starting Anew from the Truth': A Fundamental Theologian Responds to Fratelli tutti — 151

Prem XALXO,
Fratelli tutti: *An Ethical Paradigm for Universal Fraternity* — 171

Finito di stampare nel mese di ottobre 2022
presso Printbee - Noventa Padovana (PD)